Ángel de Saavedra. Duque de Rivas

El crisol de la lealtad

Créditos

Título original: El crisol de la lealtad.

© 2024, Red ediciones S.L.

e-mail: info@linkgua.com

Diseño de cubierta: Michel Mallard.

ISBN rústica: 978-84-9816-056-7.
ISBN ebook: 978-84-9897-214-6.

Cualquier forma de reproducción, distribución, comunicación pública o transformación de esta obra solo puede ser realizada con la autorización de sus titulares, salvo excepción prevista por la ley. Diríjase a CEDRO (Centro Español de Derechos Reprográficos, www.cedro.org) si necesita fotocopiar, escanear o hacer copias digitales de algún fragmento de esta obra.

Sumario

Créditos _____ 4

Brevísima presentación _____ 7
    La vida _____ 7

Personajes _____ 8

Jornada primera _____ 9
    Escena I _____ 9
    Escena II _____ 37

Jornada segunda _____ 55
    Escena I _____ 55
    Escena II _____ 63
    Escena III _____ 72
    Escena IV _____ 81
    Escena V _____ 100

Jornada tercera _____ 117
    Escena I _____ 117
    Escena II _____ 138

Libros a la carta _____ 157

Brevísima presentación

La vida

Duque de Rivas, Ángel Saavedra (Córdoba, 1791-Madrid, 1865). España. Luchó contra los franceses en la guerra de independencia y más tarde contra el absolutismo de Fernando VII, por lo que tuvo que exiliarse a Malta en 1823. Durante su exilio leyó obras de William Shakespeare, Walter Scott y Lord Byron y se adscribió a la corriente romántica con los poemas El desterrado y El sueño del proscrito (1824), y El faro de Malta (1828).
Regresó a España tras la muerte de Fernando VII heredando títulos y fortuna. Fue, además, embajador en Nápoles y Francia.

El crisol de la lealtad es un drama romántico de 1842, en tres jornadas en verso, acerca de la impostura de Lope de Azagra, que dice ser Alfonso el Batallador, y de la lealtad al rey de su hijo Pedro. Este drama histórico concluye con la muerte de Lope, en brazos de su hijo y el llanto de la reina.

Personajes

La Reina de Aragón, dama
Doña Isabel Torrellas, dama
Don Pedro López de Azagra, galán
Don Lope de Azagra, barba
Mauricio, monje benito
El Arzobispo de Zaragoza, viejo
Fortún Torrellas, viejo
Jofre de Alvero, galán
Álvaro Garcés, galán
Berrio, gracioso
Sancha, graciosa
Antón, ventero
Rita, ventera
Ricoshombres e infanzones
Clérigos del séquito del arzobispo
Tres caballeros del séquito de Torrellas
Cuatro caballeros del séquito de don Lope de Azagra
Damas, de la reina
Pajes, de la reina
Guardias, de la reina
Cuatro villanos del séquito de don Lope de Azagra

Jornada primera

Al Ilmo. Señor don Juan Nicasio Gallego, en testimonio de antigua, constante y respetuosa amistad.
Ángel de Saavedra, Duque de Rivas.

La acción pasa en Zaragoza y sus cercanías el año de 1163

Escena I
Representa la espaciosa cocina de una venta en las cercanías de Zaragoza. Aparecen Antón, atizando el hogar, y Rita, mirando a la puerta con inquietud.

Rita
    Mal fuego de Dios, amén,
    sobre esa gente maldita
    caiga, y pronto.

Antón
    Calla, Rita.
    Prudencia y cachaza ten.

Rita
    ¿Cachaza y prudencia, Antón,
    cuando al punto en que llegaron
    ayer tarde nos robaron
    dos ovejas y un lechón?
    Y gracias que en el pajar
    estaban ya las gallinas.
    Dime, en fin, qué determinas,
    pues voy la puerta a atrancar.

Antón
    (Acercándose.)
    ¿Sancha y Berrio no han salido
    a recoger el ganado...?
    Pues cuando esté a buen recado
    tomaremos un partido.

Rita	El de la venta cerrar y defender nuestra hacienda.
Antón (Receloso.)	El diablo que la defienda, que en ello se puede errar.
Rita (Con viveza.)	Defenderse de ladrones es justo.
Antón	¿Y éstos lo son...?
Rita	Las ovejas y el lechón lo dirán.
Antón	No más razones. Calla la boca, mujer. Esas gentes por momentos armas reciben y aumentos: sabe Dios lo que va a haber. Ya has visto que no encontraron en el vecino castillo resistencia, el rastrillo al punto les franquearon.
Rita	Porque de Nuño Atarés, hijo de aquel infanzón, a quien no quiso Aragón por su soberano, es. Y siempre anda desabrido, y de la reina se queja.
Antón	Pues a los señores deja tomar tal o cual partido. Y traten los cortesanos de estas cosas, que nosotros,

	manden unos, manden otros, no salimos de villanos.
Berrio	(Dentro y dando grandes voces.) ¡Arre!... ¡Jo!... ¡Maldita burra! Sancha, abre bien... ¡Arre!... ¡Jo!
Sancha (Dentro.)	Ya todo el ganado entró.
Antón	(Desde la puerta.) Que el morueco no se escurra.

(Entran Sancha y Berrio con hondas en la mano y muy cansados.)

Berrio	Ya está todo en el corral, hasta el morueco marrajo; no ha sido poco trabajo. ¡Qué arisco es el animal!
Rita	¿Y los cerdos? ¿Y el pollino?
Berrio	De los cerdos... faltan dos.
Rita	¡Maldito seas de Dios! ¿Dónde...?
Berrio	¡Toma!... El peregrino lo sabe.
Rita	¡Gran ladrón!
Berrio	(Poniéndose el dedo en los labios y acercándose a Rita.) ¡Chi!,

	que a venir al punto va, ¡y tiene un gesto que ya!
Rita	¡Jesús! ¿Va a encajarse aquí?
Berrio	Él lo dice.
Antón	Pues ¿lo has visto...?
Berrio	Sancha...
Sancha	(Interrumpiéndole.) ¡Mentira!
Berrio	Sí, tú, ¡curiosa de Belcebú!
Antón (Impaciente.)	Explícate, ¡voto a Cristo!
Berrio	Sancha la burra montó para acarrear el ganado, y a carrera por el prado...
Sancha	La burra se me escapó.
Berrio	Ya se ve que escapó. Como hace siempre que le arrima la persona que va encima un aguijonazo al lomo.
Sancha	Fue porque...
Berrio	Entre los enebros vio soldados la pollina,

| | y siempre se desatina
            por ir donde oiga requiebros. |
|-----------|---|
| Sancha | ¡Malicioso! |
| Berrio | A la cañada
            corrió, en fin, y yo tras de ella,
            pues no debe una doncella
            correr sola despeñada.
            Y a ese hombre, con otros seis,
            nos hallamos. |
| Rita | ¡Ay, qué miedo!
            ¡Jesús! |
| Berrio | Afirmaros puedo
            que de milagro me veis.
            Se me heló todito el cuajo. |
| Sancha | Y a mí también. |
| Berrio | ¡Quia, Sanchica,
            si al fin logró la borrica
            escuchar un requebrajo!
            Yo sí, que caí de rodillas,
            de pie a cabeza temblando,
            cual si estuvieran bailando
            en mi cuerpo las costillas.
            Y la maldita visión:
            «¿Quién son -dijo- los villanos?»,
            y yo, cruzadas las manos,
            le respondí: «Hija de Antón
            es esta mala doncella.
            Hija de Antón el ventero, |

y yo su novio, que quiero
casarme, señor, con ella.»
y el duende repuso: «Bien.
Pues que en su venta me espere,
si es que fiel mostrarse quiere,
al tal Antón le prevén.
Y porque no tenga quejas
de mí, dale este dinero,
que con él pagarle quiero
tres cerdos y dos ovejas.»
Y ésta me dio.

(Saca una bolsa con dinero)

Rita   (Tomándola y examinándola.)
                   ¡Virgen pura!
        Tres veces hay su valor.

Antón   Pues si es tan buen pagador,
        venga con buena ventura.

Berrio Y a Sancha también...

Sancha   También
        me dijo: «Hermosa doncella...»

Berrio No hubo hermosa, miente ella.
        Doncella solo, y va bien.

Sancha Sí, señor.

Berrio   No, que es tramoya.

Sancha (Sacando del pecho una cruz de oro.)

	Y dióme esta cruz; mirad.
Rita (Pasmada.)	A ver... ¡De oro!... Una ciudad vale. ¡Ay Dios, qué rica joya! Marido...
Antón	Rita, ¿lo ves? Prudencia y cachaza, sí; que el tal me parece a mí que lo que se suena es.
Berrio	También nos dijo ese coco...
Rita	Ese señor. Más despacio.
Berrio	«Esa venta en un palacio se tornará de aquí a poco.» Lo que me hace sospechar que es algún brujo hechicero que es carbón ese dinero, que la venta va a volar. Y... si es así..., ¡guarda, Pablo!
Rita	¿No ves que una cruz nos dio?
Berrio	Siempre diz que se escondió detrás de la cruz el diablo.
Rita (Sorprendida.)	¿No oyes caballos, Antón?... ¡Ay!... ¿Si será...? Yo estoy muerta.
Antón	Déjate; desde la puerta observaré quiénes son.

(Se acerca al bastidor.)

          ¡Ay Rita!... ¿Sabes quién es?
          Torrellas, nuestro señor,
          con otros cuatro al redor,
          y con Álvaro Garcés.

Rita (Cuidadosa.)   ¡Ay cielos!... Que está esa gente
          tan cerquita no sabrán,
          y acaso los prenderán...

Antón (Con malicia.)   Mujer, no seas inocente.
          Corro a tener el estribo
          a Torrellas mi señor.
          No te asustes, ten valor,
          que no hay de miedo motivo.

(Vase. Entran embozados Fortún Torrellas, Jofre de Alvero, Álvaro Garcés y tres Caballeros.)

Torrellas   ¡Oh buen Antón! Ya veo
          que fiel me conociste
          desde el mismo momento en que me viste
          y que servirme es siempre tu deseo.
          Y Rita y Sancha, ¿buenas...?

Antón   De gozo al veros, como deben, llenas.

Berrio   (Adelantándose.)
          Los cerdos, las ovejas y pollinos...

Antón   (Deteniéndolo.)
          Calla, animal; no digas desatinos.

Torrellas	Muy guapa está Sanchica.
Berrio	(Adelantándose otra vez.) Se escapó esta mañana en la borrica.
Rita	Vete, bruto, de aquí.
Torrellas	¿Quién es?
Berrio	Nostramo, Berrio el zurdo me llamo, y soy mozo porquero, y seré, si Dios quiere, para enero el marido de Sancha, de lo que está, señor, ella tan ancha y tanto, que quisiera que el matrimonio este verano fuera. Mas yo estoy mohíno, y ronco, y fatigado, porque ella y el morueco han hecho cosas que me tienen seco.
Torrellas	(Llamando a Antón aparte.) Decidme, Antón honrado; ¿habéis visto el anciano peregrino, que en el fuerte vecino de Atarés, mi pariente, se ha alojado esta noche con su gente?
Antón	(Con aire reservado.) Sancha y, el mozo diz que lo encontraron esta mañana, y que con él hablaron.
Torrellas	¿Y con qué compañía

                    te han dicho, Antón?

Antón   (Llamando a su hija.)
                                        Escúchame, hija mía.

(Habla con ella aparte y en secreto, y luego dice):

                    Con cinco hombres no más.

Torrellas   Ponte a la puerta,
                    y para ver si viene estate alerta.

Antón   Venid todos conmigo.

(Vanse Antón, Rita, Sancha y Berrio.)

Torrellas   El tal Romero
                    cual es se porta a ley de caballero.
                    Seis a seis la entrevista
                    tendrá lugar.

Garcés   El Cielo nos asista
                    para ver la verdad distintamente,
                    y poder resolver lo conveniente.

Torrellas   ¡Ojalá, amigos, que quien dice sea!
                    Yo le conoceré cuanto lo vea,
                    pues aún no se borró de mi memoria
                    aquel aspecto de grandeza y gloria.

Alvero   Tampoco yo olvidado
                    tengo su altivo porte y su semblante.
                    Que, aunque muy joven, combatí a su lado,
                    y le vi, lanza en ristre y arrogante,

	entrar en hora aciaga en medio de los moros allá en Fraga, en donde lo perdimos, y de su arrojo audaz víctimas fuimos.
Garcés	¡Ojalá sea! Y Aragón recobre su perdido poder, y extienda sobre Castilla su dominio, tornando a ser de infieles exterminio.

(Entran corriendo y asustados, queriendo refugiarse detrás de Torrellas, Rita y Sancha, y con ellas Berrio.)

Rita	¡Virgen santa bendita!
Sancha	Amparadnos, señor...
Torrellas	¿Qué es esto, Rita?
Berrio	Que ya viene...
Sancha	¡Qué miedo!
Rita	Estoy sin tino.

(Entra Antón.)

Antón (A Torrellas.)	Aquí llega, señor, el peregrino.
Torrellas	A su encuentro salgamos.

(Al acercarse a la puerta queda, asombrado y retrocede poco a poco, respetuoso y confundido.)

19

| | Mas ¿qué veo?
¿Es ilusión falaz de mi deseo?
¡Gran Dios..., él es!... No hay duda.

Alvero   (Mirando asombrado a la puerta.)
            Sí...; mas del tiempo la carrera muda
            ha alterado su rostro.

Torrellas   ¡Santo cielo!

Garcés   Me ha convertido la sorpresa en hielo.

(Entran don Lope de Azagra, con un ropón y esclavina de peregrino; Mauricio, con hábito de monje cuatro Caballeros vestidos de cazadores, dejando ver armas de guerra bajo los sayos, y cuatro Villanos. Don Lope se despoja con nobleza del traje de peregrino, y queda armado, con sobreveste roja, y el collar de la Orden del Santo Sepulcro, y se dirige sin vacilar, con los brazos abiertos, a Torrellas.)

Don Lope   Noble Fortún Torrellas,
            cuya fama se encumbra a las estrellas,
            y en quien miro y contemplo
            de honor y de lealtad tan vivo ejemplo;
            ven, y en estrechos lazos,
            pues que en mi apoyo tu favor consigo,
            te ciñan hoy los brazos
            no de tu rey, de tu constante amigo.

Torrellas   (Hincando las rodillas y enajenado de gozo
            y de respeto.)
            No es posible que dude
            honra y dicha tan alta, pues acude
            tanto recuerdo grato
            a mi pecho, do vive tu retrato,

      que por mi rey amado te pregono.
      Y de ayudarte a recobrar el trono
      te hago pleito-homenaje.
      No en tus brazos, señor, do me levantas,
      sino a tus regias plantas,
      rindiéndote el debido, vasallaje.

Don Lope   (Levantándolo:)
      Alza, y ven a mi pecho.
      Y porque más seguro y satisfecho,
      libre de toda duda,
      tu noble esfuerzo a mi servicio acuda;
      y porque la verdad hoy testifiques,
      y en Aragón publiques
      que Alonso, emperador de las Españas,
      aquel a quien valieron sus hazañas
      tan glorioso renombre,
      que de batallador mereció el nombre,
      soy yo; y porque asegures la falsía
      con que se publicó que muerto había
      en la acción acïaga,
      castigo del Señor, cerca de Fraga,
      claras, nuevas señales
      quiero mostrarte a ti y a estos leales.

(Separa la veste y enseña una cicatriz.)

      ¿Recuerdas esta herida,
      que al bravo Albucalem costó la vida,
      cuando aquí en Zaragoza holló triunfante
      mi regia planta el bárbaro turbante?

(Torrellas da muestras de reconocerla.)

Sí, tú fuiste el primero
que, viendo en tierra mi tajante acero,
en aquella jornada
me alargaste tu espada.
Y, ¡vive Dios!, Torrellas, que venía,
pues fuiste un portento en aquel día,
toda de sangre bárbara bañada.

(Mostrando un eslabón roto de collar.)

¿Ves este collar roto,
de la Orden sacra del Sepulcro Santo,
que en Pamplona fundé cumpliendo un voto
y que de los infieles fue el espanto?
Recuerda que en mi pecho,
estando tú de mí muy corto trecho,
lo rompió la violencia
de una lanza en el cerco de Valencia.

(En reserva, a Torrellas.)

¿Y olvidaste, acaso, fiel amigo,
el aviso secreto,
importante a mi honor y a mi respeto,
que me diste sagaz, con que el castigo
de Pero Anzures suspendí prudente,
para ganar la castellana gente?

(Torrellas da muestras de recordarlo, atónito.)

Y este anillo real, ¿no lo conoces?

(Enseña una sortija.)

Torrellas	(Besándole la mano.)
Basta, señor; el Cielo santo a voces
que sois mi rey me dice,
y a quien lo dude con furor maldice.
Álvaro de Garcés, Jofre de Alvero,
aragoneses todos: yo aseguro,
y lo defenderé con este acero,
que don Alonso emperador es éste,
que la bondad celeste devuelve a nuestro amor.

(Hincando una rodilla y extendiendo la mano derecha.)

Y yo le juro
obediencia y lealtad.

(Alvero, Garcés, los tres Caballeros, Berrio, Antón y los cuatro Villanos, hincando la rodilla y extendiendo la mano):

Y lo juramos
todos también.

Mauricio	(Poniéndose en medio, con dignidad.)
En nombre de Dios vivo,
como su sacerdote, yo recibo
el santo juramento,
y os exhorto a su pronto cumplimiento.

Don Lope	Alzad, vasallos fieles,
(Levántanse todos.)	que ya de nuevos triunfos y laureles
juzgo mi frente orlada,
y de Aragón la gloria asegurada.

(Acercándose afectuosamente a Jofre de Alvero):

                        Llega, gallardo Alvero.
                        ¡Qué espigado y gentil! Aunque muchacho,
                        no diste a los infieles mal despacho
                        en aquel lance de contrario agüero.
                        Pienso que fue tu estreno en aquel día:
                        ibas, por cierto, en una jaca pía.

(Alvero le besa la mano. Acercándose a Garcés.)

                        ¿Y tú, Garcés...? ¡Cuán bravo caballero
                        era tu padre! La primera lanza
                        de Aragón... ¿Dónde está?

Garcés   Señor, es muerto
                        en San Pedro de Arlanza,
                        donde se retiró juzgando cierto
                        vuestro fin desastrado.

Don Lope   De lealtad y valor era un dechado.

(Le besa Garcés la mano.)

                        No perdamos, Torrellas, ni un momento.
                        A Zaragoza parte,
                        dando mi nombre al viento
                        y alzando de lealtad el estandarte.
                        Y dile a mi sobrina
                        que tema de la cólera divina,
                        y de mi noble esfuerzo la venganza,
                        si al punto sin tardanza
                        su rey no reconoce en mí, y su tío,
                        el trono devolviéndome, que es mío.

Torrellas   Señor, a obedeceros,

          con estos valerosos caballeros,
          patentizando al mundo
          que vive vuestro esfuerzo sin segundo,
          iré. Y el pueblo fiel de Zaragoza,
          que escasas dichas y venturas goza
          desde el momento que os perdió, la nueva
          que hoy de nuestra lealtad la voz le lleva
          oirá con entusiasmo y alegría,
          y os abrirá sus puertas este día.
          Mas para combatir cumplidamente
          las dudas y razones
          que opuestos intereses y opiniones
          puedan acaso entre la ruda gente
          esparcir (porque dan tan largos años
          lugar a recelar dolos y engaños),
          dignaos de darme relación cumplida
          de cómo fue vuestra preciosa vida
          en la ocasión salvada,
          y en dónde, eclipsada,
          tan largo tiempo estuvo,
          y escondida y oculta se mantuvo
          la majestad augusta que adoramos,
          y que hoy, gracias al Cielo, recobramos.

Don Lope   Fortún Torrellas, tu prudencia es mucha.
          Sí, todo lo sabrás; atento escucha:
          Viendo en los campos de Fraga,
          donde Dios, airado, quiso
          dar a mis muchos pecados
          con la derrota el castigo,
          que por momentos crecían,
          como mar embravecido,
          los escuadrones infieles
          sobre los pendones míos,

y conociendo que solo
de tan tremendo conflicto
hallar pudiera el despecho
de salvación un camino,
elegí trescientas lanzas,
la flor del hispano brío,
y arrojéme a su cabeza
en brazos de mi destino.
Arrollé como un torrente
los escuadrones moriscos;
sus más bravos adalides,
y sus jaques de más brío,
al empuje de mi lanza
cayeron en sangre tintos,
como en la selva al empuje
caen del huracán los pinos.
Mis servidores leales
hicieron raros prodigios
de valor; mas todo en vano,
pues Dios nos negó su auxilio.
Y ya casi todos eran
víctimas de su heroísmo,
cuando de un bote de lanza
vine a tierra sin sentido.
El Sol tras los negros montes
buscaba ansioso un asilo,
horrorizado y medroso
del estrago que había visto.
Y los fieros musulmanes
a acabar el exterminio
de mis desdichadas huestes
avanzaron de aquel sitio.
Era ya entrada la noche,
cuando volviendo en mí mismo,

de cadáveres cercado,
de armas rotas y de heridos
me encontré. Y a Dios el voto
hice, al encontrarme vivo,
de ir desde allí a Palestina,
y ante el sepulcro de Cristo
pedir perdón de mis culpas,
penitente y peregrino,
rogando con lloro al Cielo
se me mostrase propicio.
Quitéme la veste regia,
que destilaba hilo a hilo
negra sangre, y el almete
de la corona ceñido.
Y sobre el yerto cadáver
que vi cerca del invicto
Azagra (en quien semejanza
hallaban muchos conmigo)
tiré ambas prendas, guardando
este collar y este anillo;
y a la luz de escasa Luna,
trepando empinados riscos,
me retiré. Unos pastores
me dieron su estrecho abrigo
sin conocerme. Y tomando
pobres y toscos vestidos
llegar logré a los Alfaques,
en donde el ibero río
daba ya por su ancha boca
al mar, pasmado de oírlo,
la falsa y terrible nueva
de mi muerte, en roncos gritos,
publicando de mis tropas
el verdadero exterminio.

Una veneciana nave
depararme el Cielo quiso,
y en ella saludé pronto
las riberas del Egipto.
Visité la Tierra Santa,
y con el abad Mauricio
 (este venerable monje,
mi director y mi amigo,
que desde entonces ni un día
de mí se apartó), contrito
confesé mis culpas todas,
y con ásperos cilicios
adoré aquel mármol sacro,
donde piadoso Dios Hijo,
por la redención del mundo
completó su sacrificio.
Del voto que en Fraga hiciera
libre, viéndolo cumplido,
tornar a mi reino quise,
que por hallarme sin hijos
encomendado creía
(cual mandé en un codicilo
que antes de partir a Fraga
dejé de mi puño escrito)
del Temple a los caballeros,
y del sepulcro de Cristo
a la Orden por mí fundada
de mi reinado al principio.
Y sin dejar de romero
el traje, y con gran sigilo
mi regio nombre ocultando,
con solo el abad Mauricio
las playas dejé de Siria,
fiando al viento mis designios,

en un leño de Pisanos
a Génova dirigido.
Mas, ¡ay!, aún no satisfecho
el Cielo estaba, pues quiso
completar de mis pecados
el decretado castigo.
Un corsario sarraceno
tristes esclavos nos hizo,
y en las mazmorras de Malta
juguetes del hado fuimos.
Allí varias veces supe
de mi Imperio los conflictos
ya por voz de mercaderes,
ya por quejas de cautivos.
Supe que mi hermano el monje
manchó de Aragón el brillo;
que Castilla y que Navarra
se hicieron reinos distintos.
Y, al fin, que mi roto cetro
a manos había venido
de mi inexperta sobrina,
sin armas y sin prestigio.
Y amargamente llorando,
más que mi infortunio mismo
las desdichas de estos reinos
y su cierto precipicio,
logré al cabo libertarme,
y volver, vasallos míos,
a vuestros leales brazos,
con los que, y con el auxilio
de Dios, que misericordia
empieza a ejercer conmigo,
conseguiré prontamente
restaurar el poderío

                        de Aragón; y con mi nombre
                        cegar el horrendo abismo
                        a cuyo borde pendiente
                        nuestra amada patria miro.
                        Juzgo, valiente Torrellas;
                        juzgo, infanzones altivos;
                        juzgo, aragoneses bravos;
                        juzgo, vasallos queridos,
                        que quedaréis satisfechos
                        con mi relato prolijo
                        de que tardanza tan grande
                        en acudir al peligro
                        de mi patria y de mi trono
                        no fue en vuestro rey delito,
                        sino voluntad del Cielo
                        por sus ocultos designios.

Torrellas   Pues que tal rey nos devuelve,
                        a nuestros votos propicio,
                        corramos a Zaragoza
                        para publicarlo a gritos.
                        ¡Viva el grande don Alonso!
                        ¡El rey viva!

Todos   ¡Viva!

Torrellas   Amigos,
                        no perdamos ni un momento.

Todos   ¡Viva Alonso largos siglos!

(Vanse Torrellas y todos los que salieron con él.)

Antón   A nuestro amo acompañemos.

Berrio   Si es que el rey nos da permiso.

Don Lope   Sí, marchad.

(Vanse Antón, Rita, Sancha, Berrio y los Villanos. A los cuatro Caballeros de su séquito):

>   También vosotros
>   encaminaos al castillo
>   con tan venturosas nuevas,
>   que yo en el momento os sigo.

(Vanse los Caballeros. Así que todos desaparecen, don Lope, fatigado y abatido, mira tristemente a Mauricio, recoge la ropa de peregrino y se la vuelve a poner lentamente.)

Don Lope   ¡Válgame Dios!

Mauricio   ¿Qué os aflige
>   en tan venturoso día?...
>   Yo estoy loco de alegría;
>   la fortuna nos dirige
>   por el camino más llano
>   al eminente dosel,
>   y vais a ser vos en él
>   de la España el soberano.

Don Lope   Es verdad.

Mauricio   El buen Torrellas
>   incauto tragó el anzuelo,
>   y hoy con sus brazos de un vuelo
>   nos encumbra a las estrellas.

Don Lope   Al punto le conocí.

Mauricio   Y el pobrete, alucinado,
                  creyó muy entusiasmado
                  ver a don Alonso en ti.
(Se ríe)   Mas le hablasteis de manera,
                  el engaño reforzando
                  y el tono de rey tomando,
                  que hasta yo casi os creyera.
                  Unisteis a la verdad
                  de las aventuras nuestras,
                  con expresiones tan diestras,
                  con tal naturalidad,
                  del emperador el nombre,
                  y los recuerdos fingisteis
                  con tanto primor, que fuisteis
                  más un demonio que un hombre.
                  Los planes que concebimos
                  en Malta entre las cadenas
                  y que cual sueños apenas
                  en nuestra mazmorra urdimos,
                  cumplido efecto tendrán;
                  tendránlo, sin duda alguna,
                  pues ocasión y fortuna
                  en nuestro favor están.
                  De ese rey, que murió en Fraga,
                  debió de ser, ¡vive Dios!,
                  su semejanza con vos
                  muy grande para que haga
                  efecto tan importante.
                  Ánimo, pues, y osadía...
                  Pero ¿qué melancolía
                  ofusca vuestro semblante?

Don Lope	(Muy abatido.) Entre aquestos infanzones esperé ver a mi hijo, y de su ausencia me aflijo por poderosas razones.
Mauricio	¿No os pudierais de él fiar, si no es posible engañarle?
Don Lope	La trama manifestarle fuera mucho aventurar. Además..., os lo confieso: al cabo, noble nací, y un remordimiento en mí...
Mauricio	(Incomodado.) ¿Perdiste, don Lope, el seso?
Don Lope	Lo he recobrado más bien. Hay cosas que desde lejos tienen hermosos reflejos; mas cuando de cerca se ven, se conoce lo que son, y tan viles, que se afrenta quien las juzgó de gran cuenta llevado de una ilusión. Desde que puse en España con este intento los pies, cada día mayor es el tedio que me acompaña. Y al recordar quién fui yo en mi patria, y lo que soy, de mí avergonzado estoy,

| | cual siempre lo está el que erró.
| | Yo, espejo de lealtad,
| | ¿ser un traidor alevoso...?
| | ¿Ser fingido y mentiroso
| | yo, Sol puro de verdad...?
| | ¿Yo impostor...? ¡Ah! Me confundo.

Mauricio   ¿Con escrúpulos andáis,
            cuando caminando vais
            al primer trono del mundo?

Don Lope   Mauricio, sentado en él,
            besando el orbe mi planta,
            veré atado a mi garganta
            ignominioso cordel.

Mauricio   (Con sonrisa amarga.)
            Solo volviendo el pie atrás,
            no entre sueños y quimeras,
            sino en la horca, y muy de veras,
            esa lazada tendrás.
            No puedes retroceder
            del camino que emprendiste;
            pues va en él el pie pusiste,
            terminarlo es menester.

Don Lope   (Profundamente agitado.)
            Sí, concluiré la carrera;
            sí, saciaré mi ambición;
            pero un noble corazón
            tiene la voz muy severa.

Mauricio   Compón, amigo, el semblante,
            que aquí tornan los villanos.

                        Desecha escrúpulos vanos,
                        y adelante.

Don Lope
(Muy abatido.)   Sí, adelante.

(Sale Berrio, y se detiene, como asustado.)

Berrio   ¡Ay!, que el sayo se encajó,
                         y así me da mucho miedo.

Mauricio   ¡Hola, mozo!

Berrio (Turbado.)   ¿Llegar puedo?

Mauricio   Con respeto, ¿por qué no?
                         ¿Quisieras servir al rey?

Berrio   (Tomando confianza)
                         Para guardar sus cochinos,
                         sus ovejas, sus pollinos,
                         unas vacas y algún buey,
                         que es de lo que sirvo a Antón,
                         quisiera, pues, la soldada
                         mejor y más bien pagada
                         será, y buena la ración.

Mauricio
(Animándolo.)   De soldado has de servir,
                         como valiente vasallo,
                         con una lanza, a caballo.

Berrio   Fuera cosa de reír.
                         ¡Estuviera buen muchacho!...

35

                    A pie sería mejor,
                    que soy mal cabalgador,
                    y voy hecho un mamarracho.

Mauricio   Bien está.

Berrio   ¿Y me casaré
                    con Sancha?

Mauricio   Sí, y puede darte
                    el rey de dote una parte
                    de despojos.

Berrio   Despo... ¿qué?

Mauricio   De botín.

Berrio   Dos necesito,
                    porque con estas albarcas
                    se anda mal entre las charcas
                    tras del morueco maldito.

Mauricio   Todo lo tendrás; ven, pues,
                    al castillo.

Berrio   Con licencia
                    de vuestra gran reverencia,
                    iré con Sancha después.
                    Que allí para hilar estopa,
                    y sazonar el puchero,
                    servirá a este caballero,
                    y para lavar la ropa.

(Vase.)

Mauricio	¡Qué villano tan sencillo!
Don Lope	Pues éstos nos dan la fuerza; no hay sin ellos quien la ejerza. Vamos, que es tarde, al castillo.

(Vanse.)

Escena II
Salón regio del alcázar de Zaragoza, con dosel. Entran doña Isabel y Torrellas.

Doña Isabel	¡Ay cuánto don Pedro tarda!... Justamente en la ocasión en que con tanta razón y tal inquietud le aguarda mi afanoso corazón.

(Mira a la puerta con inquietud.)

    Hoy que debe, amante ufano,
    de nuestra reina el permiso
    demandar, como es preciso
    para conseguir mi mano,
    ¿por qué ha de andar tan remiso?
    Que mi padre esta mañana
    salió a caza le avisé,
    y amorosa le esperé
    del jardín en la ventana;
    mas, ¡ay!, a verme no fue.

(Se pasea con inquietud.)

    ¡Dios me valga! Desde el día

que apareció este impostor,
todo es sospecha y temor,
todo afán el alma mía,
todo recelos mi amor.
Mi padre anda de contino
de mil dudas agitado,
don Pedro desatentado
maldiciendo al peregrino,
y todo el reino alterado.

(Vuelve a pasear agitada.)

Que se retarde me temo
mi boda. Y aun temo más,
pues la discordia quizás
llegue a un doloroso extremo
que no recelé jamás:
al de enemistar, ¡ay Dios!,
a mi padre y a mi amado,
pues el calor me ha asustado
con que disputan los dos
sobre ese impostor malvado.

(Llora. Entra don Pedro López de Azagra.)

Don Pedro   Hermosísima Isabel,
deidad pura a quien adoro,
mi único bien, mi tesoro,
rendido tu amante fiel...
Pero ¿por qué es ese lloro?
¿Por qué a tu mustio semblante
dan sin luz los bellos ojos
esas perlas por despojos,
y a tu seno palpitante...?

       ¿Quién causa, di, tus enojos?

(Con gran ternura e interés.)

       ¿Tú afligida, encanto mío?...
       ¿Qué ofensas lloras, mi bien?
       De mi afán lástima ten,
       pues me pierdo y desvarío.
       ¿Quién causa tu pena, quién?

Doña Isabel   (Afligida.)
       Vos, don Pedro.

Don Pedro   ¿Yo..., señora?

Doña Isabel   ¿No os avisé esta mañana
       de que sola en mi ventana...?
       Pues allí pasé una hora.

Don Pedro   No me condenéis, tirana.

Doña Isabel   Y el prefijado día
       para pedir la licencia
       con tan tibia diligencia
       retardar...

Don Pedro   A eso venía;
       para eso pedí esta audiencia.
       Y escuchadme una disculpa
       tan grande, dueño querido,
       que dejará convencido
       vuestro amor de que la culpa
       de tal falta no he tenido.
       La tremenda agitación

                que en todo el reino ha causado
                de ese embustero malvado
                la impensada aparición,
                a Zaragoza ha llegado.
                Y como sobran traidores
                de osadí y ardimiento,
                a mi obligación atento,
                de aquestos alrededores
                no me aparté ni un momento,
                que cuando peligra el trono
                legítimo, es justa ley
                darlo todo al abandono
                y vigilar en su abono,
                que antes que todo es el rey.

Doña Isabel   (Conmovida.)
                ¡Oh don Pedro...!

Don Pedro   Isabel mía,
                tu mano no mereciera
                si tan pura y fiel no fuera
                de mi pecho la hidalguía
                y mi lealtad tan sincera.
                Y cuando llego anhelante
                de nuestra reina a pedir,
                para nuestra suerte unir
                el permiso, más amante
                os quisiera ver y oír,
                que ese llanto y aflicción
                en el venturoso día
                en que ya nombraros mía
                podré, dulce dueño, son
                verdugos de mi alegría.

(Siguen hablando entre sí. Aparece la Reina, separando con recato las cortinas de una puerta que habrá al fondo o al lado izquierdo de la escena; desde allí, sin avanzar, dice):

Reina (Aparte.)   ¡Oh cielos!... Azagra allí
enamorando a Isabel.
¡Qué noble, gallardo y fiel!
¡Desventurada de mí!

Don Pedro (A Doña Isabel, sin que hayan reparado en la Reina.)
¿Quedáis contenta, cruel?

Doña Isabel   Tiene vuestro dulce acento
y tiene vuestra presencia
conmigo tal influencia,
que disipan al momento
los fantasmas de la ausencia.
Y si porque fiel servisteis
a la reina, habéis faltado
a verme, y apresurado
a pedir ahora vinisteis
el permiso deseado,
las nubes de mi amargura
se disipan, y renacen
las esperanzas, que hacen
de mi pecho la ventura,
y que mi alma satisfacen.

(Siguen hablando entre sí con extremos de ternura.)

Reina   (Aparte, desde la puerta.)
¡Cuán felices!... ¡Y cuánta es mi amargura,
que lo adoro también, y él no lo sabe,
porque en mi excelsa posición no cabe

	declarar a un vasallo tierno amor!
	Y aunque lo declarara, ¿por ventura
	lo pudiera inspirar?... ¡Terrible suerte!
	Es más terrible que la misma muerte
	de amar sin esperanzas el dolor.
Don Pedro	(Arrojándose, transportado de amor, a los pies de Doña Isabel.)
	¡Ah! Dejad que a vuestra planta,
	pues tan dichoso me veo,
	alma y vida por trofeo
	os rinda, y que os pague tanta
	ventura como hoy poseo.
(Le toma una mano.)	Y que mi labio leal
	temple el fuego celestial
	de la pasión que os consagra
	en la mano de cristal...

(Se la besa. Entra la Reina apresurada, Doña Isabel da un paso atrás, sorprendida, y don Pedro se levanta, retira y queda en la mayor confusión.)

Doña Isabel	¡Cielos!

Reina (Indignada y poniéndose entre los dos.)
	¡Isabel!... ¡Azagra!
	De que en mi cámara estáis
	os olvidasteis, sin duda.
(Pausa)	Isabel, ¿te has vuelto muda...?
	Azagra, ¿no contestáis?

Doña Isabel	(Confundida.)
	Señora...

Don Pedro	(Hincando una rodilla)

	Vuestra piedad
imploro si os ofendí,
cuando humilde llego aquí...
Reina	(Más templada.)
¿Con qué intento, Pedro...? Alzad.
Don Pedro	(Levantándose.)
Una gracia suplicaros
para mí de gran ventura,
la que mi dicha asegura.
Reina	Ya tardáis en explicaros.
Don Pedro	De doña Isabel Torrellas
la nobleza y gallardía
abrasan el alma mía,
que así plugo a las estrellas...
Reina
(Aparte.)	Ya lo vi.
Mal me reprimo.
Don Pedro	... y como en ilustre cuna
y en los dones de fortuna
su igual en todo me estimo,
vuestra regia aprobación
para casarme, señora,
mi rendido amor implora.
Reina (Mortificada.)	Y en oportuna ocasión.
¿De su padre tenéis ya
para ese enlace el permiso?
Don Pedro	Mi lealtad el vuestro quiso

                        tener antes.

Reina   (Con severidad.)
                                    Bien está.
                        Id, y que en estos salones
                        tengan al momento entrada
                        a la reunión convocada
                        ricoshombres e infanzones,
                        que hoy de livianas materias
                        no me puedo yo ocupar,
                        cuando hay que determinar
                        sobre cuestiones tan serias.
                        Id, pues.

Don Pedro (Aparte.)   ¡Pese a mi destino!

(Hace una profunda reverencia y vase.)

Reina   (Acercándose a Doña Isabel con bondad y cariño.)
                        ¿Por qué lloras, Isabel?...
                        ¿Estás tan prendada de él...?
                        Será un amante muy fino.

Doña Isabel   (Turbada.)
                        Señora...

Reina   Tu amiga soy;
                        enjuga, Isabel, el llanto.
                        No hay motivo para tanto,
                        y afligida al verte estoy.
                        No era oportuno el momento,
                        y nada os negué, además.
(Pausa.)   ¿Ha mucho tiempo, quizás,
                        que tratáis el casamiento?

Doña Isabel	Señora, hace ya tres años.
Reina	Y este tan dichoso amante, ¿será fiel..., será constante
Doña Isabel	No es, señora, hombre de engaños, y siempre igual lo encontré.
Reina (Con malicia.)	Muy apuesto..., muy rendido...
Doña Isabel	Muy formal, muy comedido.
Reina	Pues qué te tiene no sé de tal modo apasionada. Su figura no es gran cosa.
Doña Isabel	Tiene un alma muy hermosa, y es galán.
Reina	No encuentro nada raro en don Pedro.
(Aparte)	¡Ay de mí!
(Alto.)	El don Álvaro Garcés mucho más gallardo es, y está prendado de ti. ¡Qué bien maneja una lanza! ¡Cuánto luce en un torneo! Ni Aznares tampoco es feo, y con mucho garbo danza. En las justas y festines al don Pedro muy atrás, en gentileza y demás, dejan ambos paladines.

Doña Isabel   Pues don Pedro es a mis ojos
                   el único.

Reina (Aparte.)   Y a los míos.
                   Mas ¿por qué estos desvaríos
                   me han de dar tantos enojos?

(Sale Don Pedro.)

Don Pedro   Los ricoshombres, señora,
                   y los nobles infanzones.

Reina   Ábranse aquestos salones,
                   y que entren, pues, en buen hora.

(Doña Isabel hace señas a la izquierda de la escena, y salen Damas, Pajes y Guardias. Don Pedro la hace a la parte de la derecha, y salen Fortún Torrellas, Álvaro Garcés, Jofre de Alvero, el Arzobispo, Ricoshombres, Infanzones, Clérigos y Caballeros, y se colocan alrededor del trono, en el que se sienta la Reina.)

Reina   Ricoshombres y prelados,
                   infanzones, caballeros;
                   de Aragón gloria, y defensa
                   de mis sagrados derechos:
                   la seguridad del trono,
                   el esplendor de mi cetro,
                   la fama de vuestros nombres,
                   la tranquilidad del reino,
                   ya imperiosamente exigen
                   de vuestra lealtad y esfuerzo
                   que ese impostor fementido,
                   que ese ambicioso protervo,

que el esclarecido nombre
del rey mi tío mintiendo,
contra mi corona atenta,
tenga cumplido escarmiento.
En la batalla de Fraga,
como sabe el orbe entero,
pereció el gran don Alonso,
porque así le plugo al Cielo.
Aragón declaró nulo
su dudoso testamento,
que a los templarios dejaba
con poco aviso estos reinos.
Y a su hermano don Ramiro,
cual legítimo heredero,
juró por rey, que aunque estaba
en un santo monasterio,
del Papa especiales bulas
hábil a todo le hicieron,
y en vez del escapulario
no le asentó mal el peto.
Yo, cual su hija y heredera
por legítimo derecho,
ocupé este excelso trono,
fui jurada por el pueblo,
sin que disputarme nadie
pueda en la Tierra o el Cielo
ni de mi padre la herencia,
ni este solio que poseo.
Después de tan largos años,
y de tan varios sucesos,
ese impostor se presenta
para trastornar el reino.
Despreciado en un principio,
fue su osadía creciendo,

y ya con rebelde tropa
de indómitos bandoleros,
de fascinados ilusos,
de revoltosos perversos,
de viciosos arruinados
y de astutos malcontentos,
osa acercarse a este alcázar,
osa atacar mis respetos,
osa levantar bandera,
osa demandarme el cetro.
Y si es que a tanto le anima
el que mujer sin esfuerzo
me juzga, su desengaño
no tarde con su escarmiento.
Salid, sus, a mi defensa,
que así os cumple como buenos.
Dad a esa traición castigo,
poned a esa audacia freno,
que, aunque mujer, desprovista
tan de valor no me encuentro
que no pueda la coraza
vestir, empuñar el hierro
y a vuestro frente en el campo
humillar a los soberbios
que osan mancillar mi nombre,
o dudar de mis derechos.

(Momento de silencio, con ansiedad general.)

Torrellas   Permitid, alta señora,
que como acaso el más viejo
de cuantos hoy la honra tienen
de acataros, sea el primero
que a vuestras nobles palabras

                        dé respuesta con respeto.
                        Quién soy Aragón no ignora,
                        que mi interés y el del reino
                        son uno mismo es notorio,
                        que mi sangre y abolengo
                        seguridades ofrecen
                        de lealtad en todo empeño,
                        no habrá quien ose dudarlo;
                        no habrá, no,¡viven los cielos!,
                        que aún no es báculo mi espada,
                        ni aquestas canas son hielos.
                        Con antecedentes tales,
                        a decir aquí me atrevo
                        lo que mi conciencia solo
                        dicta a mis labios, y es esto,
(Atención general.)   Señora, el rey don Alonso
                        vivo está, y es el romero
                        que impostor hoy apellidas,
                        acaso con poco acuerdo.

(Movimiento general.)

                        Yo lo conocí, señora,
                        y lo serví en ese excelso
                        dosel. Lo seguí a los campos,
                        lo acompañé en los reencuentros,
                        Merecí su confianza,
                        siempre asistí a su Consejo,
                        confirió conmigo planes
                        depositó en mí secretos.
                        Y de su noble presencia
                        los rasgos grabados tengo
                        con tan pronunciadas líneas
                        en la mente y en el pecho,

                    que no es posible me engañen,
                    señores, mis ojos mesmos.
                    Y esta mañana lo he visto
                    y examinado con ellos.
                    Y escuchando sus palabras
                    reconocí sus acentos,
                    y mi razón aclararon
                    con infalibles recuerdos.
                    Ese anciano peregrino
                    es, gran señora, creedlo,
                    el emperador de España
                    don Alonso, tío vuestro,
                    al que glorioso renombre,
                    en cuanto abarcan los cielos,
                    sus hazañas y conquistas
                    de batallador le dieron.

(Momento de silencio y de agitación.)

Arzobispo   Ilustre Fortún Torrellas,
                    aunque tengan tanto peso
                    para mí vuestras razones
                    y los dictámenes vuestros,
                    pues sé vuestras calidades
                    y vuestra virtud respeto,
                    permitidme hoy, sin agravio,
                    un pareced muy diverso.
                    Y considerad conmigo
                    que cuando inspira el infierno
                    la ambición a un desalmado,
                    que anhela usurpar un cetro,
                    de falaces apariencias,
                    de alucinantes pretextos,
                    de engaños y de mentiras

le ofrece abundantes medios.
Porque el demonio es, en suma,
quien rige su alma y su cuerpo,
y de ficciones y engaños
el demonio es gran maestro.
Y provisto de noticias,
y de confidencias dueño,
finge, miente, disimula,
contrahace la voz y el gesto,
y alucina fácilmente
la buena fe de los buenos,
que porque lo son no saben
lo que saben los perversos.
No es difícil, ¡oh Torrellas!,
al cabo de tanto tiempo,
de remota semejanza
equivocar los recuerdos.
Después de tan largos años,
el emperador, que muerto
lloramos todos en Fraga,
torna en traje de romero.
¿Y dónde estuvo escondido?
¿Cómo no vino a su reino
cuando un hombre lo regía
con una espada por cetro?
Y si es el rey don Alonso,
¿por qué franco y descubierto
no ha venido a este palacio
de Zaragoza derecho,
en vez de andar con disfraces
alucinando a los pueblos,
allegando malhechores
y trastornando los reinos?
El emperador insigne

                        de otro modo muy diverso
                        se portara, aragoneses.
                        En ese anciano romero
                        solo un malvado descubro,
                        solo un impostor encuentro,
                        tan solo un agente miro
                        de los planes del infierno.

Torrellas (Con dolor.) Quien dude que es don Alonso
                        (dicho sea con respeto
                        del venerable arzobispo,
                        a quien acato y venero),
                        pone mi verdad en duda
                        y la lealtad de mi pecho.

Arzobispo   De buena fe alucinarse
                        puede el mejor caballero.

Torrellas (Resuelto.)   Repito que es don Alonso,
                        emperador de estos reinos,
                        el que he visto esta mañana,
                        y a quien he hablado yo mesmo.
                        A la Tierra Santa un voto
                        le llevó desde el funesto
                        campo de Fraga, y cautivo
                        después de los sarracenos,
                        en una mazmorra esclavo
                        ha gemido largo tiempo,
                        sin poder venir a España
                        para reclamar su reino.
                        Mas pues ya en ella el pie puso
                        en busca de sus derechos,
                        y le juré pleitesía
                        mientras viviese, contemplo

            que es mi obligación sagrada
            servirle, y en todo extremo
            cual su vasallo ayudarle
            a que recobre su Imperio.

(Hace una profunda reverencia y vase seguido de algunos.)

Doña Isabel   (Apoyándose, desmayada, en una de las damas.)
            ¡Ay de mí!

Alvero   Yo, con Torrellas,
            porque de leal me precio,
            a servir a mi rey parto,
            como cumple a un caballero.

(Vase seguido de algunos.)

Garcés   Y yo también, convencido
            de que el legítimo dueño
            de Aragón es don Alonso,
            que nos devuelve hoy el Cielo.

(Vase seguido igualmente de algunos.)

Don Pedro   (Saliendo en medio de la escena con calor
            y entusiasmo.)
            Pues yo juro morir en la defensa
            de ese trono legítimo, y mi acero
            al que osare, traidor, hacerle ofensa
            justo castigo le dará el primero.
            Miente quien dice y asegura y piensa
            que es el rey don Alonso ese romero.
            Y hoy a la reina el corazón consagra,
            si la abandonan todos, Pedro Azagra.

> Sí, yo combatiré los desleales;
> sí, yo combatiré los impostores.
> Aquellos que se precien de leales
> cerquen mi enseña y sigan mis tambores,
> que en medio de esos campos desiguales
> escribirá con sangre de traidores
> donde el derecho de mi reina alcanza
> el hierro agudo de mi fuerte lanza.
> Nobles zaragozanos, siempre fieles,
> venid ardiendo en saña vengativa
> por reina tal a recoger laureles,
> si en la lealtad vuestro blasón estriba.
> Demos asunto a plumas y a cinceles.
> ¡Viva nuestra gran reina!

Todos (Rodeando con gran entusiasmo a don Pedro.)
¡Viva! ¡Viva!

Don Pedro Venid, venid conmigo; defendamos
a la reina y al trono que adoramos.

(Cae el telón.)

Jornada segunda

Escena I

La escena representa la cámara de la reina en el palacio de Zaragoza. Aparecen la Reina sentada y abatida, junto a una mesa, y el Arzobispo en pie, consolándola.

Arzobispo   Templad, señora, el llanto,
                 que no es el infortunio para tanto
                 como para abatir, así deshecho
                 en lágrimas amargas, vuestro pecho.
                 El Cielo no abandona
                 la legitimidad de esa corona
                 que puso en vuestra frente,
                 y que afirma su brazo omnipotente.
                 Ese impostor tirano.
                 por aumentar sus fuerzas lucha en vano,
                 y tan solo seguro
                 le da de ese castillo el fuerte muro,
                 que por vuestros valientes combatido,
                 pronto ha de verse a vuestros pies rendido.
                 Y aunque nuevos parciales allegara
                 su orgullo se estrellara
                 y su arrogancia fiera
                 de Zaragoza es lealtad sincera,
                 que ferviente os consagra.

Reina   (Con la más viva expresión de desconsuelo.)
                 Mas, ¡cayó en su poder Pedro de Azagra!

Arzobispo   ¡Pérdida grande..., es cierto!
                 Mas no causó, por dicha, desconcierto,
                 ni abatimiento y susto,
                 en los que aclaman vuestro nombre augusto.

	Hasta el suceso mismo,
	si de Azagra encarece el heroísmo,
	demuestra la impotencia y cobardía
	de esa desventurada bandería,
	pues no osando salir a la pelea
	ni combatir a donde el Sol la vea,
	por don Pedro de Azagra provocada
	a singular combate,
	rompió la fe jurada,
	y al gallardo magnate
	en pérfida emboscada
	diez aleves jayanes sorprendieron
	y sin peligro grande lo prendieron.
Reina	¡Oh flor de la lealtad y valentía!
	¡Ay, desgarrada tengo el alma mía!
Arzobispo	El valeroso Aznares,
	de cuyo nombre y glorias militares
	y valor sin segundo
	está admirado con razón el mundo,
	al prisionero Azagra reemplazando,
	de nuestras fieles tropas tiene el mando;
	y su arrojo y destreza
	muy pronto rendirán la fortaleza.
Reina	¡Ay!... Rescatar primero
	a toda costa a Pedro Azagra quiero.
	Si peligra su vida...
Arzobispo	No es de temer, señora; defendida
	por Torrellas, será, pues lo colijo
	de ver que siempre le trató cual hijo.
	Y es Torrellas honrado caballero,

        que alucinado sigue a ese romero,
        el cual nada ganara
        si a prisionero tal sacrificara,
        que es de Aragón amado,
        de ilustre nombre y poderoso estado.

Reina (Agitada.)   No calmas mis temores,
        que todo lo recelo de traidores;
        forzoso es que se trate
        a toda costa, sí, de su rescate;
        mis joyas, mis preseas...

Arzobispo   Pues que tanto, señora, lo deseas,
        a don Jofre de Alvero
        mandaré con sigilo un mensajero.
        Mas pensarlo es forzoso,
        por no arriesgar un paso indecoroso,
        y siempre lo es ingrato
        entrar con los rebeldes en contrato.
        Calmad, ¡ah!, vuestro pecho
        con la lealtad vehemente satisfecho,
        y en que mi fe se goza,
        que os está demostrando Zaragoza.
        Enjugad ese llanto
        y confiemos en el Cielo santo,
        que la razón protege y la justicia,
        y del traidor confunde la malicia.

(Suenan campanas a lo lejos.)

        Mas ya el bronce sagrado
        me llama al ministerio de mi estado.
        Corro al altar, y a que resuene el templo,
        dando a los fieles fervoroso ejemplo,

	con santas oraciones,
	que aseguren el triunfo a tus pendones.
Reina	(Se levanta y le besa la mano.)
	Sí, volad. Y en el santo sacrificio
	demandad al Señor que sea propicio
	al que preso y de hierros abrumado
	es de virtud y de lealtad dechado.

(Vase el Arzobispo.)

Reina   (Creciendo su agitación.)
¿Por mí, ¡cielos!, Azagra entre cadenas?
¿Por mí en peligro su preciosa vida?
No puedo respirar, ¡Ay!, sumergida
en espantoso piélago de penas.
Ya que a luchar conmigo me condenas,
estrella inexorable en que nacida
fui yo triste, tu rabia embravecida,
¿por qué tan solo contra mí no llenas?
¿Será Azagra infeliz porque lo adoro?
¿Por qué, si ignora la pasión activa
que en mi angustiado corazón devoro?
Pierda mi trono; el impostor romero
disponga de Aragón, y Azagra viva;
sálvese, y que perezca el orbe entero.

(Fuera de sí.)   ¿Qué es el cetro y la corona,
qué es Aragón, qué es el mundo,
¡Oh destino furibundo!,
si a Azagra veo morir?
Caiga el Sol de su alta zona,
piérdase todo en un día,
y gócese el alma mía
con ver a Azagra vivir.

                    Hasta mi pecho
                    desventurado
                    sacrificado
                    sea por él;
                    roto, deshecho,
                    al medio apele
                    que más le duele.

(Resuelta, acercándose a la puerta y en voz alta.)

                    ¡Hola..., Isabel!

(Sale Doña Isabel llorando.)

Doña Isabel   Señora.

Reina (Con viveza.)   Enjuga el llanto,
                    tranquiliza tu pecho,
                    y a tan gran desventura
                    pongamos un remedio.
                    Sí, amiga; de consuno
                    entrambas trabajemos
                    para romper de Azagra
                    los opresores hierros.
                    Salvarle es lo que importa
                    que lo demás es menos.

Doña Isabel   Y yo, desventurada;
                    yo, que tanto lo anhelo,
                    y que la vida diera
                    por salvar a don Pedro,
                    ¿qué podré hacer, señora,
                    cuando el Destino adverso
                    a tal punto conmigo

	se embravece violento
	que hasta perder la gracia
	con que me honrabais temo?
Reina	(Con ansiedad.)
	¿Por qué...?
Doña Isabel	Porque mi padre,
	alucinado y ciego,
	os abandona...
Reina (Con viveza.)	Calla,
	que justamente veo
	en que tu padre siga
	ese bando perverso
	de libertar a Azagra
	el más seguro medio,
	y tú solo...
Doña Isabel	Señora,
	lo que no haga el esfuerzo
	y la alta omnipotencia
	de vuestro brazo regio,
	¿lo hiciera yo...?
Reina	Sin duda;
	escúchame un momento.
	Tan solo hay media legua
	al castillo en que preso
	gime, infeliz, Azagra;
	corre, vuela, te ruego,
	habla a tu padre, llora,
	y si con torvo ceño
	te escucha y no le ablandas,

	di que vas de mí huyendo,
	que me detestas dile;
	dile... que...

Doña Isabel   Me estremezco.

Reina   Sí, todo por salvarle,
                   que lo demás es menos;
                   dile...

Doña Isabel   (Conmovida.)
                        Señora mía,
                   jamás, jamás..., ¡oh cielos!,
                   y todo inútil fuera;
                   es mi padre de hierro...
                   y tenaz, inflexible...

Reina   ¿Resistirá a tus ruegos?

Doña Isabel   Sin duda.

Reina   Pues bien, oye:
                   otra senda busquemos.
                   Ve al castillo provista
                   de cuanto yo poseo;
                   llévate mis tesoros,
                   mis joyas y mi cetro.
                   Todo el oro lo alcanza;
                   gánate por su medio
                   una pronta entrevista,
                   ¡ay de mí!, con don Pedro.
                   Dile que le levanto
                   de lealtad en empeño;
                   que del pleito-homenaje

	que me hizo le relevo;
	que jure pleitesía
	al impostor...; que quiero
	que le sirva y le ayude
	a arrebatarme el reino
	que maldiga mi nombre;
	que destruya mi imperio;
	que...
Doña Isabel	(Consternada.)
	¿Deliráis, señora?
	¿Que pronunciáis?... ¡Oh cielos!
Reina	(Con vehemencia.)
	Sálvese Pedro Azagra,
	que lo demás es menos.
	¡Oh dolor!... Sí..., tú misma
	grande interés en ello
	tienes, que es..., ¡ay! tu amante,
	y te aguardan risueños
	y venturosos días...
(Aparte.)	Yo me ahogo..., ¡Dios eterno!
(Alto.)	en amorosos lazos
	llamándole tu dueño.
	Vuela...,
(Pausa.)	mi oro derrama,
(Con viveza.)	apura tu talento,
	tu amor, tu astucia, todo;
	no perdones esfuerzo,
	y de cualquiera manera,
	sin pararte en los medios
	y a toda, a toda costa,
	salva su vida. El tiempo
	urge, corre al castillo,

	ven, sígueme.
Doña Isabel	Obedezco.

Escena II

Decoración corta que representa un corredor interior del castillo de Atarés. Salen Berrio, de soldado ridículo, y Sancha, con una, gran cesta cubierta con una servilleta.

Berrio (Enojado.)	Mal muermo los mate, amén. Requiebren a la borrica; pero contigo, Sanchica, que tengan más ten con ten.
Sancha	¡Celoso!... Si no dijeron sino que...
Berrio	¿Sino qué? Ya. Pues si vuelven, ¡voto va...!
Sancha	Saber quién era quisieron, y registrarme...
Berrio (Con viveza.)	¡Caramba!
Sancha	...la cesta.
Berrio	Eso es diferente; e iba a ver, pensé, esa gente si eras o no patizamba.
Sancha	Yo les dije...
Berrio	Con la tropa

	no haya dimes ni diretes, que te daré de cachetes, y a ellos un tiento en la ropa.
Sancha	¿Quién, tú...?
Berrio	Yo. Soy militar tan duro, que de un porrazo a un gigante le hecho un brazo como quien dice, a rodar.
Sancha	¡Quia! Berrio, ¿te has vuelto loco? ¿De cuando acá tan valiente?
Berrio	Desde ayer, y ya la gente, me teme a mí más que al coco. Anoche salté de un brinco el foso hecho un Barrabás, y de un solo tajo..., ¡zas!, arrebané veinticinco.
Sancha	¡Qué prodigio!... ¿Y no te duele el brazo?
Berrio	(Muy ufano, con aire de superioridad.) ¡Pobre muchacha! ¿No conoces en mi facha...?
Sancha (Burlándose.)	Tu facha es la de un pelele.
Berrio	Gracias por el agasajo. Y qué, ¿me traes de comer? ¿O vienes solo a coger en la puerta un requebrajo?

Sancha	Traigo... Pero ya no quiero, por celoso, darte nada, ¡ingratón! Muy bien pagada estoy cuando de porquero hago por ti allá en la venta, y el morueco y los marranos me tienen por esos llanos ajustándoles la cuenta. Y cuando con la borrica vengo tan cargada aquí, para que tú comas, y...
Berrio	Te perdonaré, Sanchica.
Sancha	¿Perdonarme tú, bribón...? ¿Eres quien de cerro en cerro tras mí andaba como un perro pidiéndome compasión?
Berrio	Cumplir debo con mi estado. Y aunque tú mi novia eres, despreciar a las mujeres propia cosa es de soldado.
Sancha (Riéndose.)	¡Si eres soldado postizo!
Berrio	Vaya muy enhoramala, que a soldado no me iguala ni aun el padre que me hizo.
Sancha	Pues soldado por soldado, con esta cesta preñada voy a buscar a la entrada

	a aquel que me ha requebrado.
Berrio	(Deteniéndola.) ¡Sancha, eso no, pese a mí!, que si tú celos me das, tengo aún de esa cesta más.
Sancha	¡Hola!... ¿Conque hay hambre?
Berrio	(Atacando a la cesta.) Sí.
Sancha	(Defendiéndola.) Pues con el hambre se amansan los animales. Y tú...
Berrio (Enojado.)	¡Sanchica de Belcebú, ya tus desdenes me cansan!
Sancha	Si no me pides perdón de tantas altanerías, se come estas porquerías aquel bravo mocetón.
Berrio	(Acariciándola.) Anda, no seas bobona; dale esa cesta a tu niño, que por ti está de cariño opilada la persona.
Sancha	Siendo así, bueno, me ablando.

(Pone la cesta sobre un poyo que habrá a un lado.)

Berrio	Vuelca, vuelca aquí la cesta, que mi barriga dispuesta tengo a engullirlo volando.
(Se sienta.)	Veamos, pues, qué traes, Sanchica.
Sancha	(Sentándose en el suelo, va sacando de la cesta lo que dice.) Un pan, chorizo, jamón, y aquí abajo, en el hondón, viene una cosa muy rica: una cebolla. Además, la bota con cariñena.
Berrio	¿Y viene, Sanchica, llena?
Sancha	Y pronto la agotarás.
Berrio (Toma la bota.)	Tráela acá, le daré un beso; bien haya quien la engendró.
(Bebe)	
Sancha	(Sujetándole el brazo.) Ya basta de hacer clo..., clo...
Berrio	¿Y se te ha olvidado el queso?
Sancha	No lo olvidé; viene aquí.

(Lo saca y se ponen ambos a comer.)

        Y dime ahora: ¿qué hay de nuevo?

Berrio (Comiendo.)   Tenemos preso un mancebo

	como un oro.
Sancha	¿Quién es...? Di.
Berrio	(Sin dejar de comer.) De la reina el general, que ayer tarde con gran brío salió a pedir desafío ahí, en medio de ese erial. Y desde aquí le llamaron, y habría bebido un traguito, pues se acercó muy solito y diez hombres lo atraparon como a una liebre en la cama diez galgos.
Sancha	¿Y es muy buen mozo?
Berrio	Solo de verlo da gozo.
Sancha	¿Y sabes cómo se llama?
Berrio	Don Pedro Azagra.
Sancha (Pasmada.)	Ese es novio de la señorita.
Berrio	¿De aquella niña bonita hija de Torrellas?
Sancha	Pues ¿no te acuerdas que han estado en la venta a merendar mil veces? ¡Qué lindo par

	después que se hayan velado! / Y ella, que es tan llana y buena, / ¡lo afligida que estará! / ¡Pobrecita! ¡Cuál tendrá / partida el alma de pena!
Berrio	Venga la bota.
(Bebe.)	Pues no / quisiera yo en el pellejo / hallarme de ese mocejo, / que esta gente..., ¿qué sé yo?
Sancha	¿Qué, Berrio...? Di.
Berrio	Arrepentido / y mucho, Sanchica, estoy.
(Bebe.)	En cuanto pueda, me voy.
(Bebe.)	Hay aquí mucho perdido.

(Se levanta sorprendido, notando que alguien se acerca.)

    ¡Santa Bárbara, que viene!...

Sancha   Y... ¿quién viene...?

Berrio   (Con gran miedo y santiguándose.)
    ¡San Antonio!
    El mismísimo demonio...
    ¡Jesús, y qué cara tiene!
    Si me ve aquí... Pronto, chica,
    recoge todo, recoge...,
    que pondrá, como se enoje,
    mi cabeza en una pica.

(Sancha lo mete todo en la cesta con gran turbación. Entran don Lope de Azagra, con traje de peregrino, y Mauricio, y se paran a hablar sin reparar en Berrio y Sancha, que demuestran gran terror.)

Don Lope   Sí, sí; ya resuelto estoy,
                   ¡padre infeliz!, a abrazarle.

Mauricio   Mas tratad de alucinarle
                   sin descubrir...

Don Lope   A eso voy.

(Repara en Berrio y Sancha.)

Mauricio   (Reconociéndolos.)
                   Es el villano simplón
                   que era porquero de Antón.

Don Lope   Fuerza es echarle de aquí.

(Acercándose y con tono severo.)

                   ¿Qué hace el vicioso soldado
                   solo con una mujer?

Sancha (Temblando.) ¡Ay!

Berrio (Turbado.)   Nada malo... Comer.

Don Lope   Vaya a su puesto, o colgado
                   será al punto de una almena,
                   y ella emplumada.

Berrio   (Aparte, a Sancha, que recoge la cesta.)

                                Arre allá.
                    Y cual lo dice lo hará.
                    ¿Ves tú que no es gente buena?

(Vanse Berrio y Sancho.)

Don Lope   ¡Ay cómo tiemblo, Mauricio!
                    Mi pecho va a reventar.
                    ¡Qué tormento singular,
                    qué espantoso sacrificio
                    tener encerrado así
                    al hijo del alma mía,
                    cuya noble valentía
                    ayer encantado vi!
                    De su noble corazón
                    son el arrojo y lealtad
                    para su padre, en verdad,
                    terrible reconvención,

Mauricio   Si has de demostrar flaqueza,
                    cuando ya no falta nada
                    para que veas colocada
                    la corona en tu cabeza,
                    no vayas a donde vas.

Don Lope   ¡Ah! No eres padre. Por eso...

Mauricio   Y si no has perdido el seso,
                    tú mismo conocerás
                    que olvidar el que lo eres
                    es preciso en este paso,
                    pues, olvidándolo, acaso
                    mostrarás más lo que quieres
                    a ese hijo. Si por él,

	cual dices, has emprendido
el plan en que te he seguido
como tu amigo el más fiel...
Don Lope	(Profundamente afectado.)
En favor suyo emprendí este... crimen.
Mauricio	(Con enfado y desdén.)
¿Que me asombre
no extrañarás?...
Don Lope	(En tono solemne.)
Es el nombre
que tiene mi empresa, sí.
(Con naturalidad.)	Digo que si en su favor
me he metido en este empeño,
en su favor seré dueño
de disfrazarle mi amor.
Mauricio	En buen hora lo visita.
Mas que sea como rey,
que a hombre de tan alta ley
con interés solicita.
Mas no hay inútil terneza,
ni indiscreta confianza,
que de veras o de chanza
nos cuesta a ambos la cabeza.

(Vanse por distintos lados.)

Escena III

Prisión del castillo de Atarés, y sale don Pedro López de Azagra, sin espada y como preso.

Don Pedro (Abatido.) Tu amor, divina Isabel,
en tan dura situación,
derrama en mi corazón
no consuelo, sino hiel.
Tu padre, a mi reina infiel,
hundió nuestro porvenir,
y me condena a morir,
pues la esperanza perdida
de consagrarte mi vida,
¿para qué quiero vivir?
¿Por qué tardan los traidores,
que con tal alevosía
burlaron mi valentía,
en completar sus furores?
De mi estrella los rigores
(pues que ya, Isabel, la suerte
me ha condenado a perderte)
en ese oscuro confín
tengan presuroso fin
en los brazos de la muerte.
(Se oye ruido de cerrojos.)
Mas ¿qué es esto...? Alguien aquí
se acerca... ¿Será un verdugo?
Si tal a los cielos plugo,
afortunado nací.

(Se sienta en un poyo que habrá a un lado. Entra don Lope de Azagra y se detiene como indeciso.)

Don Lope (Aparte.) ¡Qué tremenda agitación
me destroza y me confunde!
¡Qué peso me abruma y hunde
al pisar esta mansión!

(Clavando los ojos en don Pedro.)

> ¡Qué gallardo!... ¡Qué altivez
> tan noble en su rostro veo!

(Aterrorizado bajando los ojos.)

> ¡Ay de mí!, que soy yo el reo
> y mi hijo el severo juez.

(Avanzando con dignidad y haciendo un esfuerzo para aparentar firmeza.)

> Don Pedro Azagra, escuchad.

Don Pedro   (Con entereza y sin levantarse.)
¿Azagra...? ¿Quién me nombró...!

Don Lope   (Parándose a distancia.)
Es vuestro rey.

Don Pedro   (Con dureza.)
Eso no;
que su obediencia y lealtad
y su fe solo consagra
al legítimo derecho
de la reina, el noble pecho
de Pedro López de Azagra.

Don Lope   Mirad, joven imprudente,
que os perdéis, alucinado.

Don Pedro   Lo que es, tengo bien mirado
a mi sangre conveniente.

Don Lope	(Esforzándose.) Ved que el alto emperador don Alonso, el que a su nombre unió el glorioso renombre de fuerte batallador, es el que tenéis delante.
Don Pedro	(Indignado.) Mentís, que fue muerto en Fraga, y no hay prueba que deshaga una verdad semejante.
Don Lope	(Disimulando la turbación.) Por altos juicios de Dios en aquel empeño fuerte triunfar logró de la muerte.
Don Pedro	No basta lo digáis vos.
Don Lope	Si vuestro padre viviera...
Don Pedro	(Interrumpiéndole.) A la reina defendiendo y su obligación cumpliendo vuestra audacia confundiera.
Don Lope (Aparte.) (Alto y disimulando.)	¡Cielos!... La sangre me ahoga. ¡Qué dura reconvención! Aunque ya por mi razón tanto brazo noble aboga, quiero, porque bien os quiero, y no acierto a castigaros, con muestras claras probaros ser vuestro rey verdadero.

| | Y que estando vivo yo
no es legítimo el derecho
de mi sobrina... |
|---|---|
| Don Pedro | Sospecho
que quien soy se os olvidó.
Soy Azagra, y si es verdad
que a mi padre conocisteis,
sin duda un muro en él visteis
de tesón y de lealtad.
Y nunca desmerecí,
por lo que os cansáis en vano,
astuto y pérfido anciano,
la sangre que le debí. |
| Don Lope | (Acercándose enternecido.)
¡Pedro, Pedro!... |
| Don Pedro

(Con energía.) | (Levantándose como para contenerle.)
¡Ah! No llegad
hasta mí. Que si no fuera
porque una vaga quimera
me turba, y por vuestra edad,
os hiciera mil pedazos,
dando tremendo castigo
al impostor, enemigo
de la reina, entre mis brazos. |
| Don Lope | (Arrojándose fuera de sí en los brazos de don Pedro.)
Pues ahoga a tu padre, sí,
ahógalo en ellos, cruel. |
| Don Pedro | (Cayendo consternado en el asiento.)
¿Es..., ¡ay!, la voz de Luzbel |

o la de Dios la que oí?

(Queda enajenado y convulso, y después de un momento de inacción y de silencio, se sienta también don Lope y le toma, temblando, una mano.)

Don Lope	Oye, Pedro; oye, hijo mío:
	soy tu padre, atento escucha,
	y verás que por ti solo
	me encuentro en tan grave angustia.
	Por ti solo, pues tú fuiste
	siempre en mis varias fortunas
	el ídolo de mi pecho,
	de mis afanes la suma.
	Aunque herido, logré en Fraga,
	de tantos valientes tumba.
	salvar la vida. El cadáver
	del rey vi al paso, y con pura
	lealtad del collar y anillo
	le despojé, porque augustas
	prendas tales el trofeo
	no fueran de infieles nunca.
	Perdido entre las montañas
	por donde emprendí mi fuga,
	de un jaque me vi cautivo.
	que me llevó luego a Suria.
	Allí me fugué, auxiliado
	por la audacia y por la industria
	de este astuto monje griego
	que aquí me sigue y me ayuda.
	Hablando con él un día
	de la desastrosa lucha
	de Fraga, el collar y anillo,
	prendas que por siempre ocultas
	me acompañaron, mostréle,

y la semejanza suma
le dije que en voz y en gesto,
talle, ademán y figura
tenía yo con el difunto
rey don Alonso. Y la astucia
de Mauricio vio al momento
una feliz coyuntura
en aquellas circunstancias
para tentar la fortuna.
Opuse a sus sugestiones
risa, creyéndolas burla.
Mas las repitió constante
con razones tan astutas,
durante los largos años
que otras nuevas desventuras
corrimos juntos, que al cabo
venció mi tenaz repulsa.
Y de que así se torciera
mi alma siempre recta y justa,
tú fuiste la causa solo,
mi cariño te lo jura.
Anhelando colocarte
del trono en la alteza suma,
abracé, infeliz, la idea
con decisión tan profunda.
que llegó a hacerse muy pronto
dominadora absoluta
de mi existencia. Y tú solo,
tú solo tienes la culpa,
tú solo, hijo de mi alma,
mi esperanza en tanta angustia,
de mi afán único objeto,
iris de mis desventuras.

Don Pedro	(Convulso y escondiendo entre sus manos el rostro y cabeza.) ¡Dios eterno, Dios eterno! ¿Dónde estoy?... ¡Ah!...
Don Lope	Pedro, escucha: Consiguió, astuto, Mauricio, violar por la vez segunda nuestros hierros, y volamos a Marsella. La fortuna nos proporcionó al momento de Aragón nuevas seguras, y al saber que había quedado del gran Berenguer viuda la reina joven y hermosa, mas sin fuerza y sin cordura, juzgamos que el mismo Cielo daba a nuestro plan ayuda, ofreciéndonos propicio la ocasión más oportuna. Vinimos a Barcelona, y con próspera ventura la empresa, hijo, comenzamos, que una corona te funda, y que sin tu leal denuedo, mal dije, sin tu locura ya estuviera realizada. Mira, pues, lo que rehúsas.
Don Pedro	¿De ahogadora pesadilla, que me confunde y abruma, estoy, ¡ay de mí!, en los brazos...?
Don Lope	(Queriendo abrazar a su hijo.)

	En los de amor y ternura de tu padre estás.
Don Pedro	(Levantándose con violencia y rechazando a su padre.) 　　　　　¡Oh cielos! Apartad, demonio o furia; apartad.
Don Lope	(Separándose aterrorizado.) 　　¡Ay yo, infelice!... La tierra me trague y hunda.
Don Pedro (Con nuevo furor.)	(Conmovido.) ¿Por qué, padre, vuestros brazos no me ahogaron en la cuna? ¿Mas qué dije?... ¿Vos mi padre? No; que a ser mi padre, nunca en vuestro pecho cupieran la traición y la impostura. Cual os fingiste el rey muerto, mi padre os fingís, sin duda.
Don Lope	(De rodillas y abrazando las de su hijo.) ¡Hijo del alma...! ¡Hijo mío!
Don Pedro	(Levantándolo bruscamente.) No me afrentéis.
Don Lope (Llorando.)	Oye..., escucha.
Don Pedro	(Retirándose.) Marchad, dejadme... La muerte termine tan rara pugna.

>   Basta. Si sois don Alonso
>   rompa la cuchilla aguda
>   de los verdugos mi cuello,
>   que doblarse a vos rehúsa.
>   Si mi padre sois, matadme;
>   pues que mancha tan inmunda
>   en la sangre habéis echado
>   que por mis venas circula.

(Avanzando en nuevo furor.)

>   Mas no sois ni uno ni otro;
>   dejadme... Pronto... Mi furia
>   es tal..., y tal mi despecho...,
>   y mi suerte tan sañuda,
>   que tal vez...

(Conteniéndose de pronto.)

>   Marchad, anciano,
>   que mi decisión me asusta.

Don Lope   (Confundido.)
>   ¡Ay de mí!... ¡Destino horrible!
>   El infierno me confunda.

(Vanse por distinto lado.)

Escena IV

La misma decoración de la escena segunda, representando el corredor interior del castillo. Empieza a anochecer, y se va oscureciendo lentamente la escena. Sale Mauricio, inquieto.

Mauricio   ¡Cuánto don Lope tarda!

                        Algún desastre temo
                        de ese remordimiento que acobarda
                        su corazón, y del delirio extremo
                        que por el hijo tiene.
                        Mas ya torna hacia aquí... ¡Cielos!... ¡Cuál viene!

(Entra don Lope de Azagra, precipitado, y temeroso.)

Don Lope   ¡Ay!... ¿Eres tú, Mauricio?...
                        Tenme, tenme en tus brazos,
                        que abierto ante mis pies un precipicio
                        está sin fondo, en que me haré pedazos.
(Con gran terror.)   Tenme, tenme... ¿No miras...?

Mauricio   (Sosteniéndole.)
                        ¿Qué pronuncias, don Lope?... Tú deliras.
                        Tú, tan docto maestro
                        en fascinar la gente,
                        ¿acaso no has logrado, astuto y diestro,
                        conquistar a ese joven imprudente?
                        ¿Incrédulo persiste...?
                        ¿Cómo le hablaste, pues? ¿Qué le dijiste?

Don Lope   (Temblando.)
                        ¡Ay!... Alentar no puedo.
                        Cuanto miro me espanta;
                        mi pecho aprieta aterrador el miedo;
                        hiélaseme la voz en la garganta;
                        ¡me persigue aun mi hijo!

(Mirando con terror el lado por donde salió.)

Mauricio   Vuelve, don Lope en ti; dime qué dijo.

Don Lope	Mauricio, retrocedamos.
Mauricio	(Con viveza.) ¿Adónde?... ¿Por qué? ¡Jamás! No podemos ir atrás. ¿No contemplas dónde estamos?
(Recapacitando.)	Mas ¿qué es esto?
Don Lope	Que mi hijo...
Mauricio	¿Se negó a reconocerte por don Alonso?
Don Lope	La muerte me ha dado lo que me dijo. ¡Qué fe!... ¡Qué noble lealtad!
Mauricio (Receloso.)	Y tú, luego que advertiste tanto tesón, encubriste...
Don Lope	No. Le dije la verdad.
Mauricio	Nos has, don Lope, perdido si libre...
Don Lope	No me creyó; que, el que una vez miente, no puede ser otra creído.
Mauricio	¿No te creyó...?
Don Lope	(Con dolor.) Aunque mis brazos, mis lágrimas, mis lamentos

	los penetrantes acentos de un corazón en pedazos le demostraron...
Mauricio (Suspenso.)	Muy bien. Ya es terrible el compromiso.
Don Lope	Y desistir es preciso...
Mauricio	(Con enfado.) ¿De quién, don Lope...? ¿Y por quién?
Don Lope	¡Su oposición es tan fuerte...
Mauricio	¿Le revelaste indiscreto...?
Don Lope	Sabe, sí, todo el secreto.
Mauricio (Aparte.)	Y yo le daré la muerte.
Don Lope	Lo sabe, y tenaz opuso tan airada resistencia, que me temí una violencia, y grave terror me impuso. Yo para mí nada quiero; todo lo hacía por él. Si lo rechaza, cruel, ¿qué adelanto ya, qué espero?
Mauricio (Aparte.) (Alto.)	Tal desaliento me asusta, y reanimarlo es forzoso. Te juzgué más animoso y de vejez más robusta. Que a sospechar, ¡vive Dios!,

qué tan miserable era,
jamás Aragón nos viera
en tal empresa a los dos.
¿De un mancebo alucinado,
que conoce el mundo apenas,
las declamaciones llenas
de celo mal meditado,
tan ridícula influencia
pueden ejercer en ti?
De más temple te creí,
de más madura experiencia.
Haz venturoso a tu hijo
aunque sea a su pesar,
pues las gracias te ha de dar,
burlando de cuanto dijo.
Hay personas que es forzoso
dichosas por fuerza hacer
sin tomarles parecer.

Don Lope	(Como hablando entre sí.)
Con un crimen afrentoso...
¡Usurpando!...

Mauricio		Veo que estás
delirante y sin razón.
Sin crimen de usurpación
puedes ir a donde vas.
A tu patria, haciendo, sí,
un servicio imponderable
de don Alonso...

(Pensando un momento.)

			Oye.

Don Lope   Di.

Mauricio   Postrado, atónito el mundo,
                  creyéndote el guerreador
                  que le impuso con valor
                  un respeto tan profundo,
                  la Aragón acatará,
                  y de la hispana nación
                  por tu prestigio Aragón
                  el dominio cobrará.
                  Y su gloria ya afirmada
                  declaras por tu heredera
                  a la reina verdadera,
                  a la reina destronada,
                  que juzgarán tu sobrina;
                  casas a tu hijo con ella,
                  puesto que es joven y bella,
                  y el objeto a que camina
                  tu afán consigues así,
                  con ventaja de Aragón,
                  sin crimen de usurpación
                  y sin mengua alguna en ti.

Don Lope   (Como volviendo en sí.)
                  ¿Me habla por tu boca el Cielo?
                  ¡Son tan claras tus razones!

Mauricio   De infundadas ilusiones
                  te las ocultaba el velo.
                  Y para a cima llevar
                  intentos de tal grandeza,
                  no el corazón, la cabeza
                  debe solo dominar.

	De tu hijo acaso el ardor
	por la reina... puede sea,
	ahora me ocurre la idea,
	aún más que lealtad, amor.
	Y puede, don Lope, ser
	que en el bien por que suspira,
	y como imposible mira,
	tú le vayas a poner.
Don Lope	(Reanimado.)
	Tu acento mi angustia calma,
	tu voz mis fuerzas me vuelve
	y tu razón desenvuelve
	de las tinieblas mi alma.
	Si puedo, ¡ay Dios!, colocar
	a mi Pedro en ese trono,
	que por él solo ambiciono,
	sin la corona usurpar,
	siga en buen hora la empresa.
	Mas hoy tanto he padecido,
	que como nunca he sentido
	la edad que sobre mí pesa.
	Descansar me es fuerza un rato.
Mauricio	(Llevándolo lentamente hasta la puerta.)
	Descansad, sí, reponeos,
	que todos vuestros deseos
	protege un destino grato.
	A solas considerad
	en tan crítica ocasión
	cuánto os importa el tesón.

(Ya en la puerta, con tono solemne):

                        Don Lope, en ello pensad.
                        Si persistís, se os presenta
                        un trono para ese hijo;
                        si retrocedéis, de fijo
                        infamia a vos, a él afrenta.
(Vase don Lope.)   ¡Singular es este hombre!

(Volviendo desasosegado al centro de la escena y paseándose.)

                        ¿Posible es que en los momentos
                        de coronar sus intentos
                        tanto fantasma le asombre?
                        ¿Que con escrúpulos ande
                        quien diestro hasta aquí llegó
                        y a Torrellas fascinó
                        con facilidad tan grande?
                        Todo es la debilidad
                        por ese hijo, que apresado
                        fue en momento desgraciado.
                        ¡Cosas de su mucha edad!
(Queda pensativo.)   A ese joven es preciso
                        asegurar. Indiscreto,
                        le patentizó el secreto;
                        si se fuga..., ¡oh compromiso!
(Dudoso.)   Que muera..., sí, morirá.
                        ¿Cómo...? Cuando en hondo sueño
                        no sea de sus brazos dueño.
                        Pero difícil será.

(Reflexiona un momento y prosigue, con resolución):

                        Beba esta noche la muerte
                        en un veneno. Sí, si,
                        no hay bastante fuerza en mí

para herirle de otra suerte.

(Queda meditabundo. Entra Berrio, silbando y distraído, y al reparar en Mauricio se asusta y retrocede.)

Berrio (Aparte.) ¡Caramba con el frailón!
Siempre charlando entre sí,
anda de aquí para allí
hecho un duende motilón.
Volvámonos pies atrás,
que al cabo le considero
pájaro de mal agüero,
y si me atrapa, quizás...

Mauricio (Sobresaltado.)
¡Hola!... ¿Quién es?

Berrio (Sobrecogido.)
¡Dios bendito!

(Acercándose con ridículas cortesías de miedo.)

Berrio soy...

Mauricio Oye un momento.

(Dándose una palmada en la frente, como complacido de una ocurrencia feliz. Aparte.)

¡Oh qué feliz pensamiento!

Berrio (Aparte.) Me ha pescado en el garlito.
(Alto.) ¿Qué manda su eternidad?
(Aparte.) Estoy de miedo difunto.

89

Mauricio (Con mucha afabilidad, después de mirar a todos
lados para asegurarse de que están solos.)
Llegas cabalmente al punto
que en ti pensaba.

Berrio (Escamado.) ¡Oh bondad!

Mauricio Tengo, sí, que hablar contigo,
pues sabes que desde el día
que te vi allá en la alquería,
soy muy de veras tu amigo.

Berrio (Gozoso.) Sí, yo tengo mucho aquel
y un ángel..., que... ya.

Mauricio Es así,
que eras bueno conocí.

Berrio Un palomino sin hiel.

Mauricio Pues te quisiera encargar
que a ese pobre prisionero,
joven a quien mucho quiero,
le llevaras de cenar.

Berrio ¡Ay señor!, con mil amores.

Mauricio Mas nadie lo ha de saber,
porque el rey quiere tener
gran rigor con los traidores.

Berrio (Con recelo.) Siendo así...

Mauricio   Nada sabrá,
si es que callar sabes tú.

Berrio   Callar sé. Mas Belcebú
me sonsaca..., y agua va.

Mauricio   Contente, y en todo caso...
Tú sabes cuánto yo puedo.

Berrio   Pues eso me quita el miedo;

(Resuelto y con gran familiaridad.)

padre, estoy dispuesto al paso.

Mauricio   ¡Sígueme, y la colación
que le has de dar te daré.

Berrio   Voyme, pues, con su mercé,
y sabré callar... ¡Chitón!

Mauricio   Se lo dejas todo allí
y te sales al momento.

Berrio   Todo lo haré como un viento.

Mauricio   Fuera expuesto para ti
quedar...

Berrio   Dios me libre.

Mauricio   Y ten
cuidado de no tocar
lo que le vas a llevar.

Berrio   No soy yo goloso.

Mauricio   Ven.

(Vanse. La escena está ya completamente oscura, y entra Doña Isabel Torrellas, vestida con un traje igual en todo, al de Sancha y con un rebocillo con que pueda taparse el rostro.)

Doña Isabel   (Con recelo y timidez.)
                ¡Con cuánto susto, ¡cielo!,
                estas estancias piso,
                oscuras, pavorosas y asombradas!
                Cada paso recelo
                que a un nuevo compromiso
                me lleva, y el rumor de mis pisadas,
                que suenan duplicadas
                por los lúgubres ecos
                de las bóvedas frías,
                en estas galerías
                y de estos murallones en los huecos,
                me horroriza y me asombra,
                y una voz me parece que me nombra.
                ¡Ay, si mi acerba suerte
                fuera tal que encontrara
                con mi padre...! ¡Infeliz!... Antes quisiera
                que repentinamente en sus brazos me ahogara;
                que este castillo sobre mí se hundiera.
                Ni aun hallo luz siquiera
                que dirija mi paso.
                Hace un pequeño instante
                que juzgué no distante
                escuchar hacia aquí rumor escaso.
                Mas todo está desierto,

de oscuridad y de pavor cubierto.

(Se pasea con sobresalto.)

Con la villana ropa
que compré a Sancha y Rita,
y con las instrucciones que me han dado,
por medio de esa tropa
desbocada y maldita,
que creyó ser yo Sancha, he penetrado.
Allí un tosco soldado
que a Berrio encontraría
por aquí aseguróme...
No sé hacia dónde tome...
Ya empieza a vacilar la planta mía.
Señor Omnipotente,
amparad a esta mísera inocente.

(Va de uno a otro lado escuchando, y se para junto a un bastidor.)

¡Ay! ¿Si estaré, Dios mío,
junto a la misma puerta
que a don Pedro, infeliz, sujeta y guarda?
Tal vez del paso mío
el rumor le despierta,
y al escucharlo el triste se acobarda,
porque el sayón aguarda,
y creerá, ¡trance fuerte!,
la tímida pisada
de su Isabel amada
la pisada espantosa de la muerte.
¡Oh amargo pensamiento
que de mi corazón dobla el tormento!
Allí tina luz diviso,

                y venir un soldado
                a este lugar... Me ocultaré... ¿Y adónde?
                Preguntarle es preciso
                por ese Berrio, que a mí afán se esconde.
                Si afable me responde.
                Mas, ¡cielos!, imagino
                que es él quien aquí viene,
                aunque el traje que tiene
                es diverso del suyo campesino.
                Aguardo rebozada
                y en la bondad del Cielo confiada.

(Se cubre el rostro con el rebocillo y se separa a un lado. Entra Berrio con una batea de mimbre, y en ella, pan, dos o tres escudillas cubiertas y una redoma de vidrio llena de vino, y además una lámpara de barro encendida.)

Berrio   (Sin reparar en Doña Isabel.)
                        Mucha tentación es ésta:
                        pan, butifarra y jamón
                        ¡y vino aloque!... Me temo
                        que no me contenga, no.
                        Mas ¿si ese fraile lo cuca,
                        que es un duende, ¡vive Dios!,
                        y me ataja el apetito
                        descargándome una coz?
                        Tate, tate, amigo Berrio;
                        ¡anda fuera, tentación!

(Echa a andar resuelto, y al momento se para.)

                        Mas verme solo y pasarme
                        sin catar...,
(Huele la redoma.)   ¡qué rico olor!,
                        esta ampolla tan galana

	fuera ser un burro yo.
Doña Isabel	Berrio.

Berrio (Sorprendido.)   ¡Santa Genoveva!
　　　　　　　　　　　¿De dónde sale esta voz?
　　　　　　　　　　　A que algún familiar tiene
　　　　　　　　　　　que me persiga el frailón.
(Temblando.)　　　　　Reconozcamos... ¡Qué miedo!
　　　　　　　　　　　Si alguien en el corredor...

(Repara en Doña Isabel.)

　　　　　　　　　　　¡Ay Jesús!...

(Cree ser Sancha, y se acerca.)

　　　　　　　　　　　¡Hola, Sanchica!
　　　　　　　　　　　Tú, después de puesto el Sol,
　　　　　　　　　　　¿vienes a ver a tu nene...?
　　　　　　　　　　　Algún santo te inspiró.
　　　　　　　　　　　¿La cena me traes, sin duda?
　　　　　　　　　　　No puede menos tu amor.
　　　　　　　　　　　¿Y has entrado rebozada...?
　　　　　　　　　　　Así me gusta, ¡por Dios!,
　　　　　　　　　　　para evitar requebrajos
　　　　　　　　　　　de tanto pillo tumbón.
(Con confianza.)　　　Mas ya que estás con tu esposo
　　　　　　　　　　　y a solas, ambos a dos,
　　　　　　　　　　　fuera ropa.

(Le quita el rebocillo y queda pasmado.)

　　　　　　　　　　　Mas, ¡oh cielos!,

| | ésta no es Sanchica, o
              borracho estoy... |

Doña Isabel   No; no es Sancha.

Berrio   (Retrocediendo.)
              Pues ¿quién eres tú, visión,
              que de Sancha trae la ropa
              y el rostro de Sancha no?
(Aparte.)   Esta es alguna mozuela
              que de soldado me vio,
              y muerta por mis pedazos
              viene a pedir confesión.
              ¡Mucho garabato tengo!
              ¡Tengo un atractivo atroz!
              En viéndome una muchacha
              no hay remedio, se acabó.

Doña Isabel   (Acercándose.)
              De parte de Sancha vengo
              a demandarte favor.

Berrio   ¿De parte de Sancha...? ¡Malo!
              Entonces es..., qué sé yo.

Doña Isabel   (Con dignidad.)
              Soy Isabel de Torrellas,
              la hija de tu señor.

Berrio   (Le arrima la luz y la reconoce.)
              ¡Calle!... ¡Es verdad!... ¿Hay tal cosa?
              ¿Quién diablos aquí os metió?...
              ¿En busca de vuestro padre
              venís disfrazada?...

Doña Isabel	No. No, amigo, y que nunca sepa, pues temo a su condición, que aquí estuve es necesario.
Berrio	Pues ¿quién os trae...?
Doña Isabel	El amor.
Berrio (Aparte.)	De cierto me solicita.
Doña Isabel	Y la tierna compasión al bravo don Pedro Azagra, a ese joven...
Berrio	(Recapacitando.) Ya, ¿sois vos su novia, y venís...?
Doña Isabel	Sí, amigo, a consolar su aflicción. Y en ti solo confiada, en tu honradez...
Berrio (Perplejo.)	Pero yo..., ¿qué puedo hacer por serviros?
Doña Isabel	Llevarme a sus brazos.
Berrio	¡Oh!
Doña Isabel	Engañando al carcelero.

Berrio	No hay carcelero.
Doña Isabel	Mejor.
Berrio	Hay solamente un cerrojo gordo casi como yo, y también hay cuatro llaves, pero el tiempo las tomó y no cierran.
Doña Isabel	Pues entonces...
Berrio	¡Ay, que el cerrojo es atroz! ¿U os habéis imaginado que es algún troncho de col?
Doña Isabel	Pero ¿descorrerlo puedes?
Berrio	Precisamente a eso voy para llevarle esta cena.
Doña Isabel	Berrio, por amor de Dios, llévame contigo a verle, ya que tan buena ocasión se nos ofrece...
Berrio	¡Señora!, donde estáis no sabéis vos; si el vejete o el frailote... Vaya..., tiemblo de terror.
Doña Isabel	¿Quién, amigo, ha de saberlo?
Berrio	Los duendes, que hay más de dos

	en esta encantada torre, que el mismo diablo fundó.
Doña Isabel	Vaya, ablándate a mis ruegos, desecha todo temor, complace a tu novia Sancha, pues es quien me dirigió a ti con tan arduo empeño, y su traje me prestó, y Rita también te ruega, y también te ruega Antón, de mis lágrimas movidos y de mi amargo dolor, que me ayudes y me lleves a ver a don Pedro.
Berrio (Dudoso.)	¿Yo...?
Doña Isabel	(Arrodillándose y llorando.) Y a tus plantas te lo pido y te lo pagará Dios, que las acciones cristianas nunca sin premio dejó.
Berrio	(Levantándola.) Basta, señorita, hasta; que no soy de bronce, no, y en viendo llorar mujeres se me atraganta la voz. Esperad, no haga la trampa que nos pillen a los dos.

(Reconoce a un lado y otro si alguien lo ve.)

	Vamos allá. Me resuelvo. Venid pronto, ¡pese a vos!
Doña Isabel	¡Oh santo Cielo!, protege mi desventurado amor.
Berrio	Vamos, pisad más quedito.
Doña Isabel	Vamos en manos de Dios.

(Vanse.)

Escena V
Prisión del castillo de Atarés, y aparece don Pedro López de Azagra, sentado y pensativo; la escena estará oscura.

Berrio (Dentro.)	¡Caramba!... El cerrojo está descorrido, y encajada la puerta... ¡Pues ahí no es nada! ¿Volado el pájaro habrá?
Doña Isabel	(Dentro, con ansiedad.) ¡Ay!... Entremos...
Berrio (Dentro.)	Sí; pasmado de miedo estoy. ¿Quién ha sido el duende que aquí ha venido y así la puerta ha dejado?
Don Pedro	(Incorporándose.) ¿Quién es? ¡Hola!... Si la muerte me traen, al verdugo ruego que descargue luego, luego en mi cuello el golpe fuerte.

(Salen Berrio y Doña Isabel, y se ilumina la escena con la luz de la lámpara que viene en la batea.)

Doña Isabel (Precipitándose en los brazos de don Pedro.)
¡Ay don Pedro de mi vida!
Soy vuestra Isabel.

Don Pedro (Sorprendido.)
¡Oh Dios!
¿Deliro?... ¿Sueño?... ¿Sois vos...?
Sí, vos, Isabel querida.
(Pausa.) ¿En este traje...? ¿A tal hora...?
¡Ay!... Explicadme...

Doña Isabel Mi pecho
está de gozo deshecho...
¿Qué puedo explicar ahora?

(Vuelven a abrazarse.)

Berrio (Aparte.) ¡Así, muy bien! ¡Qué gustito
me da verlos!... No es Sanchica
más que una pobre borrica,
comparada a este angelito.

Don Pedro Tras de la visión de infierno
que mi pecho destrozó,
y sin duda me envió
en su cólera el Eterno,
esta visión celestial
piadoso y justo me envía,
con que encanta el alma mía
y me hace a un ángel igual.

(Transportado de gozo.)

¡Isabel!... ¡Mi amor!...

(Sobresaltado de repente.)

¡Dios mío!
¡Qué terrible pensamiento
me ocurre en este momento,
que me deja yerto y frío!...
¡Ay Isabel!...

Doña Isabel   ¿Qué os asusta?

Don Pedro (Agitado.)   ¿A la reina abandonaste
                        y a tu padre aquí buscaste?
                        Dime..., di...

Doña Isabel   (Con dignidad.)
                        ¡Sospecha injusta!
                        ¿No me conocéis quizás?
                        Si a la reina defendéis,
                        ¿cómo imaginar podéis
                        que yo...? Don Pedro, ¡jamás!
(Cariñosa.)   En las alas de mi amor
                        y por las reina enviada
                        vengo a veros,
(En secreto.)   y restada
                        a libraros del traidor.

Don Pedro   Perdona, adorado dueño.
                        Mas tan raras cosas hoy
                        por mí pasaron, que estoy

                    creyendo que todo es sueño.
                    Mas ¿tú en peligro por mí?...
                    ¡Ay!, me horrorizo, Isabel.

(En secreto y con susto.)

                    ¿Ese soldado...? ¿Con él
                    cuentas tú?

Doña Isabel   Don Pedro, sí.

(Don Pedro clava los ojos en Berrio, como examinándole con desconfianza.)

Berrio (Risueño.)   Berrio soy...; Berrio, señor;
                    porquero antes que soldado.
                    Y aquí le traigo el guisado:
                    conque basta ya de amor.

(Siguen hablando entre sí don Pedro y Doña Isabel; Berrio pone la batea sobre el poyo, y prosigue, con mucha familiaridad.)

                    Me traje a la señorita,
                    porque con ropa de Sancha
                    vino a buscarme tan ancha
                    y con recado de Rita.
                    Mas, aunque esté aquí, cenad.
                    Y pues diz en Aragón,
                    tripas llevan corazón,
                    ¡ea!, las vuestras llenad.
                    Y pronto, pues si ve el padre,
                    que es quien os envía la cena,
                    que tardo la armará buena,
                    y no quiero que me ladre.

(Viendo que no le hacen caso vuelve a observar la batea, silba y se pasea.)

Don Pedro   ¡Oh Isabel mía!

Doña Isabel   (En voz baja, recatándose de Berrio.)
　　　　　　　Ante todo,
salvaos, ¡ay don Pedro!... Sí.
Salid al punto de aquí.

Don Pedro   Pero, Isabel, ¿de qué modo?

Doña Isabel   La prisión tenéis abierta.

Don Pedro   ¿Y la guardia?

Doña Isabel   　　　No hay ninguna;
propicia está la fortuna.

Don Pedro   ¿Y del castillo a la puerta?

Doña Isabel   Nadie os verá.

Don Pedro   　　　¿En este traje....

Doña Isabel   (Al oído.)
Atacad a este soldado,
despojadle..., y disfrazado
pasaréis con su ropaje.

Don Pedro   No, Isabel; Isabel, no.
¿Yo dejar en compromiso
a ese infeliz?...

Doña Isabel   　　　Es preciso.

Don Pedro	(Cayendo repentinamente en un acceso de melancolía.)
	Preciso es que muera yo.
(Pausa.)	¿Fugarme...? ¡Qué devaneo!
	Por ti, olvidado de mí,
	el pensamiento acogí.
	Pero ya otra vez me veo
	tal cual soy en este día,
	y es tan horrenda mi suerte,
	que solo buscar la muerte
	debo ansioso, Isabel mía.
Doña Isabel	(Angustiada.)
	No os entiendo.
Don Pedro	Ni es posible
	que me entendáis... Si ayer fuera,
	para salvarme os siguiera;
	mas hoy..., ¡estrella terrible!

(Con decisión e inquietud)

        Isabel, pronto, alejaos;
        dejadme con mi destino.
        De Zaragoza el camino
        tomad por mi amor, salvaos.
        Y a la reina diréis, sí,
        que ya exige mi lealtad
        que no tenga más piedad
        con la sangre que hay en mí.
        Que aquí morir debo yo
        y mi raza perecer...
        ¡Ay, ni tuyo puedo ser!...

	Basta, no me fugo, no.
Berrio	(Oyendo las últimas palabras, se acerca y dice aparte.)
	Esta gente está sin juicio.
	¿Fuga?...
Doña Isabel	El pecho me rasgáis
	y el alma me envenenáis.
	Salid de este precipicio.
Don Pedro	¡Isabel!...
Doña Isabel	¿No me seguís?
Don Pedro	(Con entereza.)
	¡Jamás, no!
Doña Isabel	(Resuelta.)
	Don Pedro, bien;
	pues yo moriré también,
	si en quedaros persistís.
	Vendrá mi padre cruel,
	y al verme aquí en vuestros brazos,
	con su daga mil pedazos
	me hará.
Don Pedro	¡Isabel, Isabel!...
Doña Isabel	(Con vehemencia.)
	Juro ante el eterno Dios,
	que por mi medio os socorre,
	no salir de aquesta torre,
	señor don Pedro, sin vos.

Don Pedro	(Enternecido.) ¡Isabel...!
Doña Isabel	(Asiéndole el brazo con violencia.) Ven.
Berrio	(Deteniéndolos.) Alto allá. Señorita, poco a poco; ¿os parece que estoy loco? Basta de burleta ya. Harto ha durado el bureo; quédese la cena aquí con el señor. Y tras mí venid o me pongo feo.
Doña Isabel	(Suplicante.) ¡Berrio!
Berrio (Enojado.)	No hay Berrio, cuidado.

(Va a asir del brazo a Doña Isabel, y don Pedro lo impide.)

Don Pedro	Si osas la mano poner...
Berrio	(Reportándose.) No la pongo.
(Aparte.)	Voy hacer según miro mal fregado. El diablo me trajo aquí, y entre unos y otros, me huelo que no ha de lucirme el pelo; con mala estrella nací.

Doña Isabel	Berrio..., por amor de Dios. Berrio, completa la obra.
Berrio	¿Qué es completar, si ya sobra la mitad de lo hecho? Vos mi peligro no sabéis, si alguien por desdicha oliera... Vamos pronto, vamos fuera; al fraile no conocéis.
Doña Isabel	Pero dime, Berrio: ¿abierta, cuando ha un momento llegamos, y sin cerrojo no hallamos de aqueste encierro la puerta? ¿No pudo haberse fugado don Pedro entonces sin ti?
Berrio	Es verdad.
Doña Isabel	Pues bueno. Di que tú no le has encontrado, y la culpa recaerá en quien antes que tú vino.
Berrio	Fue el vejete peregrino.
Doña Isabel	Pues él la culpa tendrá, que el cerrojo descuidó.
Berrio (Dudoso.)	Se armará gran batahola, y en ella, ¿escurrir la bola podrá Berrio?...
Doña Isabel	¿Por qué no?

Berrio	Nada, nada. Afuera; en vano me queréis así tentar.
Doña Isabel	¡Ay Berrio!
Don Pedro (Airado.)	Deja el rogar, que ya me cansa el villano.
Berrio (Apurado.)	¿En qué danza me he metido?
Doña Isabel	(Sacando un gran bolso lleno de oro.) Berrio. toma..., todo es oro.
Berrio (Pasmado.)	¡Virgen santa!... ¡Qué tesoro...!
Doña Isabel	Todo, todo es tuyo.
Berrio	(Tomando el bolsillo.) Envido.
Doña Isabel	Y la madrina he de ser de tu Sancha, y en ganados, joyas, tierras y brocados tal dote vas a tener, que puedes ser infanzón y fundar estado tal, que no se le encuentre igual en el reino de Aragón.
Berrio	Y si me ahorcan, ¿lo seré?
Doña Isabel	Con tanto oro, ¿no has de hallar el medio para escapar

	de entre esta gente sin fe?
Berrio	(Rascándose y muy escamado.) Señorita... ¡Un miedo tengo...!
Don Pedro (Furioso.)	Si no te das a partido...
Berrio	Si estoy ya muy convencido. Hablad, que a todo me avengo.
Doña Isabel	Ahora a don Pedro has de dar tu sayo, pues con su ropa le conociera la tropa en el acto de escapar.
Berrio	(Quitándose el sayo con repugnancia.) ¿Mi sayo...? A cochambre apesta. Mas tomad.
Doña Isabel	También el casco.
Berrio	(Se quita el casco y se lo da a Doña Isabel.) Limpiadlo, que fuera un chasco hallarse cosa molesta.
Don Pedro	¡Válgame Dios!... ¡Isabel!
Doña Isabel	(Quitándole el manto y el birrete y vistiéndole el sayo y el casco de Berrio.) Tomad, pronto; no hay remedio: de salvarme es éste el medio.
Don Pedro	(Muy abatido.) ¿Dónde voy, hado cruel?

Doña Isabel	(Con viveza.)
	Berrio, amigo, aquí te queda
	solamente un breve instante,
	el corto tiempo bastante
	para que don Pedro pueda
	conmigo afuera tomar
	dos caballos, que, escondidos,
	he dejado apercibidos
	a la entrada del pinar.

(Vanse don Pedro y Doña Isabel.)

Berrio	Van como una exhalación.
	Buen viaje. A ver si el bolsillo
	quedó aquí.
(Lo saca y examina.)	¡Qué hermoso brillo!
	Voy a ser un infanzón.

(Guarda el bolsillo y toma el manto y birrete de don Pedro, que dejó en el suelo Doña Isabel, se los pone y se pasea pavoneándose.)

	Así, así, ¡linda persona!
	Y con brocado mi Sancha
	qué hueca estará. Qué ancha
	si la llaman la infanzona.
(Se para.)	¡Caramba, esta señorita
	qué rejo tiene y qué cuajo!
	Se ve que por ese majo
	está que se despepita.
	Dios con ellos vaya, amén;
	mas quedándose conmigo,
	porque me parece, digo,
	que soy cristiano también.

(Va a marchar, y desde la puerta vuelve a mirar la batea, que está sobre el poyo.)

(Vuelve.)	Y qué, ¿del fraile la cena he que abandonar así? No lo haré, que tengo aquí panza de apetito llena.

(Siempre vestido con el manto y birrete de don Pedro, agarra la batea, la examina con gusto, y viendo que no hay mesa, la pone en el suelo.)

Pues que no hay otra, sea el suelo
mesa, que lo es espaciosa.

(Busca silla, y viendo que no la hay, se sienta en el suelo, de espaldas a la puerta.)

	Y silla, también. No hay cosa que no me depare el Cielo. Ven, ¡oh redoma!, a mis manos... Mas no, primero es comer; sobre el hígado beber es costumbre de villanos. Sal acá, butifarrita.
(La saca y come.)	¡Qué picante!... Buena, a ley. No se encaja el mismo rey cosa más santa y bendita.
(Registra otro plato.)	Aquestas de fraile son golosinas. Para luego, porque tampoco me niego a alfajores y turrón.

(Sigue comiendo y revolviendo los platos. Entra Mauricio con un puñal en la mano a paso lento y se para a la entrada, sin reparar en Berrio.)

Mauricio (Aparte.) ¿Cómo encuentro, ioh Dios!, la puerta
sin cerrojo?... ¿Se ha fugado?
Berrio el simplón la ha dejado
de par en par así abierta.

(Repara en Berrio y juzga que es don Pedro.)

Mas no. Don Pedro allí está,
y cenando, según veo.
¡Cuánto, cuánto a mi deseo
tardando su muerte va!
Aquí, en la sombra encubierto,
me conviene el esperar,
pues que no puedo tardar
en verle a mis plantas muerto.

Berrio (Toma un jamón.)
Véngame a ver el jamón.
Todo me lo he de engullir.
A un albéitar le oí decir
que nunca da indigestión.

(Come.)

Mauricio (Aparte.) Sin duda aún no probó el vino,
pues su veneno es tan fuerte,
que, en probándolo, la muerte
es un acto repentino.
¿Y si no bebe?... Veremos.
Entonces, sí, me decido,
y por este acero herido

               pronto del paso saldremos.

Berrio   Ahora sí que en la garganta,
               por más que masco y que masco,
               parece que un gran peñasco
               se me atora y me atraganta.
               Pues a lavar el garguero.
               Para esto hay redoma aquí.
               A ver..., a ver...

(Al coger la redoma la deja caer y se hace pedazos.)

               ¡Pese a mí...!
               ¡No me quebrara primero
               yo mismo...! ¡Cuerpo de tal!

(Hace extremos ridículos de despecho y esfuerzos por recoger el vino derramado, cuidando siempre de no volver el rostro hacia donde está Mauricio.)

               Todo el diablo lo llevó.
               ¡Mal haya quien me parió
               tan torpe y tan animal!
               ¡Maldita sea mi suerte!...
               ¡Maldita casualidad!

Mauricio (Arrojándose con el puñal sobre Berrio.)
               Que no te libra, en verdad,
               de la merecida muerte.

Berrio   (Oye los pasos de Mauricio, vuelve el rostro
               y huye aterrado y con viveza.)
               ¡Ay de mí!... ¡Ay! ¡San Antonio!

Mauricio   (Se detiene confuso al reconocer a Berrio.)

                        ¡Cielos!... ¡Es Berrio! ¿Qué es esto?

Berrio (Aparte.)   ¡Válgame Dios, y qué presto
                        se me apareció el demonio!
                        ¿Si estaría en la redoma?

Mauricio (Irritado.)   ¿Qué es esto, Berrio? Habla ya.
                        ¿En dónde don Pedro está?

Berrio   (Congratulándose.)
                        ¡Qué!... Si todo ha sido broma.
                        Se afufó.

Mauricio (Furioso.)   ¿Cuándo...?

Berrio   No sé.
                        Yo me he encontrado la puerta
                        lo mismo que vos..., abierta.
                        Y aquí... nadie. Ya se ve.

Mauricio   (Asiéndole de un brazo.)
                        ¡Tú le abriste, tú, bribón!
                        Al punto serás ahorcado.

(Arrastrándolo hacia la puerta y dando voces.)

                        Guardia, el preso se ha fugado;
                        soldados, a la prisión.

Berrio (Temblando.)   Señor..., yo...

Mauricio   Sí, su vestido
                        tienes; el tuyo tomó,
                        y con él se disfrazó.

115

Berrio   Cuando vine se había ido.

Mauricio (A voces.)   ¡Hola!, pronto... ¡Hola!, soldados,
                  que nos venden; pronto aquí.

(Entra don Lope de Azagra, apresurado.)

Don Lope   ¡Cielos!... ¿Qué voces oí...?

Mauricio   Nos vemos, señor, burlados.
                  Se ha fugado el prisionero.
                  Por este traidor la puerta
                  le ha sido un momento abierta.
                  Ahora mismo ahorcarlo quiero.

Don Lope   Basta ya; volved en vos.
                  Si tal hizo, lo perdono.

Mauricio   (Indignado.)
                  Ved que perdisteis el trono.

Don Lope   (En tono solemne.)
                  Son altos juicios de Dios.

Jornada tercera

Escena I

La escena representa la cámara de la reina en el palacio de Zaragoza, y aparece la Reina, pensativa y triste.

Reina	Segura es la victoria,
	y el impostor vencido
	tendrá de su arrogancia el escarmiento.
	¡Ah! Que tan alta gloria
	y triunfo tan lucido
	no sea del noble Azagra solo siento,
	pues dechado de fieles,
	suyos debieran ser estos laureles.
	Mas, enfermo, postrado,
	soñador, delirante,
	desde que en salvo a estas murallas vino,
	se niega horrorizado,
	trémulo, palpitante,
	a combatir al viejo peregrino,
	diciendo que su espada
	no vuelve a desnudar en tal jornada.
	¿Qué misterio espantoso
	es éste? ¡Estrella impía!
(Reflexiona.)	Que ese romero es impostor me jura,
	que severa, inflexible
	combata su osadía
	me ruega, ardiendo en la lealtad más pura.
	Mas contra ese romero
	jamás, jamás esgrimirá el acero.
	Y maldiciendo, llora
	el haberse fugado
	de la prisión que contempló su tumba.
	Y maldice la hora

en que nació. Y turbado,
al Cielo pide le fulmine y hunda.
¿Qué misterio, qué encanto,
qué delirios son éstos? ¡Cielo santo!

(Creciendo su agitación.)

¡Ay de mí, que anegada
en mar de confusiones
vago, sin descubrir lejano puerto!
¿Acaso trastornada
con vanas ilusiones
se pierde en miserable desconcierto
su cabeza infelice,
y yo misma, yo misma el daño hice?...
¿Mi negativa pudo
para su enlace..., ¡cielos!,
tanto trastorno ocasionar?... ¡Oh suerte!
¡Oh Destino sañudo!
¿Por qué no ahogué mis celos?
¿Por qué no sujeté con mano fuerte
en este pecho mío
de un imposible amor el desvarío?
De un amor imposible,
¡oh tremendo Destino!,
que cada vez más alto se embravece
y más irresistible.
Y que será imagino,
según me turba y poderoso crece
de mi alma en lo profundo,
causa tal vez de que abandone el mundo.

(Muy abatida.) Al cabo, ¿qué es el trono
ansiado y combatido?
¿Qué son de la victoria el lauro y palma,

                        si con tenaz encono
                        el Cielo endurecido
                        niega la paz y la quietud al alma?
                        Y ¿qué es la misma vida,
                        por un mar de pasiones combatida?
                        ¡Ay!, a don Pedro adoro,
                        y a este amor escondido
                        solo yo debo ser sacrificada.
                        A mi nombre y decoro
                        solo resta un partido;
                        seguirélo. aunque muera, denodada.
(Con resolución.)   Sí..., sí, don Pedro viva
                        y la salud con su Isabel reciba.

(Suena a lo lejos repique de campanas, música, tambores y aclamaciones, y sale el Arzobispo con dos Clérigos de su séquito, que se quedan a la entrada.)

Arzobispo   ¡Albricias!, alta señora,
                        reina de Aragón, ¡albricias!,
                        que ya de vuestros derechos
                        ha triunfado la justicia.
                        De Atarés en las almenas
                        vuestro pendón regio brilla,
                        y ya los brazos rebeldes
                        pesadas cadenas ligan.
                        ¡Dios eterno sea loado!,
                        que con bondad infinita
                        por el legítimo trono
                        omnipotente vigila,
                        y bendito sea mil veces,
                        porque os ha dado este día,
                        sin una gota de sangre,
                        la victoria más cumplida.
                        El impostor ahora mismo

preso a Zaragoza pisa,
donde pensó entrar triunfante
en brazos de sus mentiras.
Y en un hondo calabozo
se verá en la Aljafería
el que en este regio alcázar
creyó establecer su silla.
Escuchad el alborozo
que vuestro triunfo publica,
escuchad cuál vuestro nombre
cunde en fervorosos vivas.

Reina (Gozosa.)   ¡Oh venerable prelado!,
tan halagüeñas noticias,
que siempre aguardé fiada
en la protección divina,
tienen para mí más precio,
mayor contento me inspiran
por labios tan respetables
como los vuestros oídas.
Y en saber que una victoria
piadoso el Cielo se digna
de concederme sin sangre,
el colmo está de mis dichas.
Pues los triunfos que se logran
en revueltas intestinas
con sangre, más que con galas,
con lutos se solemnizan.
Mas decidme de qué modo
tan favorable y propicia,
la piedad omnipotente
protegió la cansa mía.

Arzobispo   Ya preparaba el asalto

                con sus escuadras invictas
                Aznares el valeroso,
                campeón de tu justicia,
                cuando de la fortaleza
                fugitivo y a gran prisa
                llegó un rústico soldado,
                con peligro de la vida.
                Era el que salvó a don Pedro,
                y que a ser ahorcado iba,
                y logró saltar el foso
                y venirse a nuestras filas.
                Y el tal, que, según parece,
                en una venta vecina
                era pastor, ofrecióse
                a mostrar en la hora misma
                un subterráneo camino,
                una abandonada mina,
                que desde el pinar cercano
                al castillo conducía.
                Aprovechó diligente
                tan oportuna noticia
                Aznares, y con algunos
                caballeros, y por guía
                el rústico, entró en la fuerza
                con furia tan repentina,
                que una acción fue solamente
                el sorprenderla y rendirla.

Reina   Bien merece ese villano
                la recompensa más digna,
                pues que la efusión de sangre
                evitó con tal noticia.
                Quiero conocerle, al punto
                premiarle quiero yo misma,

	que evitar que sangre corra
	es la mayor hidalguía.
	¿Y el impostor?

Arzobispo   No le he visto.
          Mas, según todos afirman,
          persiste en que es don Alonso,
          con tenacidad inicua.

Reina   Mas ¿quién es...? ¿De dónde vino...?
          ¿Cómo a gentes de alta estima
          alucinó, se descubre...?

Arzobispo Cuantos le han hablado pintan
          su semejanza muy grande
          con don Alonso. Y sería
          aventurar mucho, entrada
          dar a sospechas que abrigan
          algunos viejos. Sospechas
          que de infamia cubrirían
          a muy altos personajes
          y a muy gloriosas familias.

Reina   (Con inquietud.)
          ¡Sospechas! ¿Cuáles?

Arzobispo   Señora,
          las maliciosas hablillas
          no merecen ocuparos,
          ni que sean por vos oídas.

Reina   No... decid.

Arzobispo (Con repugnancia.)

                        Obedeceros
                es obligación precisa.
                Y, aunque especie tal repugne
                mis labios el repetirla,
                diré que la gente anciana
                recuerda tal vez que había
                una semejanza extrema,
                por todos reconocida,
                entre don Lope de Azagra
                y el rey.

Reina (Aparte.)   He quedado fría.
(Alto.)   ¿Entre el padre de don Pedro...?

Arzobispo   Sí. señora.

Reina (Agitada.)   La malicia
                más refinada tan solo
                puede esta sospecha inicua
                despertar. ¿Don Lope Azagra,
                el hombre de más estima
                que Aragón y el mundo vieron,
                cuya sangre pura y limpia
                aún late en tan nobles venas...?
                Tal suposición me indigna.

Arzobispo   Y que en los campos de Fraga,
                como el orbe lo atestigua,
                murió junto a don Alonso,
                en medio de la morisma.

Reina (Aparte.) ¡Ay de mí, que ahora descubro
                de don Pedro los enigmas!
                Y si es su padre..., ¡Dios mío!,

(Alto.)   forzoso será que viva.,
                       Confúndanse esas sospechas,
                       que de la más torpe envidia,
                       y no de exactos recuerdos,
                       son tan solamente hijas.
                       No nazcan nuevos disturbios
                       de ligerezas y hablillas,
                       y quede la paz del reino.

Arzobispo   Pero no olvidad, señora,
                       que los Estados se afirman
                       con los premios y castigos
                       repartidos con justicia.
                       Y que hay casos dolorosos
                       en que es condición precisa
                       presentar un escarmiento
                       si graves daños evita.
                       El impostor morir debe,
                       y su consejero y guía,
                       que abad se nombra, y que todo
                       ser suposición indica.

Reina   Mas perdón el más completo
                       doy a cuantos le seguían
                       de buena fe, alucinados
                       tal vez por su lealtad misma.
                       Porque siempre la clemencia
                       la joya es de más estima
                       de la corona, y hoy quiero
                       que brille, cual nunca, limpia.

Arzobispo   Bien mostráis, ¡oh noble reina!,
                       madre de Aragón querida,
                       que merecéis los laureles

                    que hoy en vuestra frente brillan.

(Entra Doña Isabel Torrellas y se arroja desconsolada a los pies de la Reina.)

Doña Isabel   ¡Oh mi reina, oh mi señora!,
                            una hija desventurada
                            piedad y clemencia implora
                            ante vuestros pies postrada.
                            A mi padre perdonad;
                            pues si al impostor siguió,
                            exceso fue de lealtad
                            que su pecho alucinó.
                            A don Alonso ligado
                            por la fe del juramento...

Reina   (La levanta del suelo y la abraza.)
                            Alza, que está perdonado;
                            recobra, Isabel, aliento.

Doña Isabel   (Enajenada de gozo.)
                            ¡Oh de clemencia y bondad
                            pura esclarecida estrella!
                            A mis labios acordad
                            que sellen mano tan bella.
(Bésale la mano.)   Pues nunca con más razón
                            por su madre y protectora
                            os aclamara Aragón,
                            que vuestro alto nombre adora.

(En ademán de marchar.)

                            Corro...

Reina   (Deteniéndola.)

(Al Arzobispo.)	Espérate un momento, Isabel, que quiero hablarte para aumentar tu contento, y otra grata nueva darte. Disponed, noble prelado, que la catedral resuene con el himno acostumbrado, y que mi pueblo la llene. Que con mi corte al instante de gala, sigo tras vos, de triunfo tan importante y dar las Gracias a Dios. Y un indulto general disponed que se publique.
Arzobispo	¿Y la pena capital? ¿Queréis que al punto se aplique a los dos reos?
Reina	¡Ah, no! Hoy es de júbilo día, y enlutar no quiero yo con cadalsos su alegría.
Arzobispo	(Enternecido.) Vuestra bondad es inmensa.
Reina	Haced venir al villano para darle recompensa cual merece, por mi mano, pues que sagaz procuró sin desastres la victoria; que es en lo que cifro yo, de tan gran triunfo la gloria.

Arzobispo	Obedecida seréis
y por el reino aclamada,
señora, cual merecéis,
su Sol, su madre adorada.

(Vase con su séquito.)

Reina (Aparte.)	Me cumple disimular
todo cuanto descubrí,
y que nada tenga en mí
esta infeliz que extrañar.
Pues si es padre el impostor
de don Pedro, es necesario
con sigilo extraordinario
encubrir tal deshonor.

(A Doña Isabel, con cariño.)

Isabel, Isabel mía,
¿cómo está don Pedro? Dime.
¿Esa angustia que le oprime
tendrá término este día?
¿Cesarán las ilusiones
espantosas que lo agitan
y que a ambas nos precipitan
en un mar de confusiones?
El triunfo ya conseguido,
y que tanto ansió leal,
de su dolencia fatal
será un remedio cumplido.

Doña Isabel	¡Ay señora!... Yo no sé.
Como nunca esta mañana

| | la tristeza que le aplana
y su delirio noté.
Desde el momento..., ¡ay de mí!,
que le saqué de prisión,
tan turbada su razón
como ha un rato nunca vi. |
|---|---|
| Reina (Muy agitada.) | Basta, Isabel. Es preciso
a don Pedro consolar.
Si acaso el imaginar
que le negaba el permiso
para casarse... |
| (Aparte.) | ¡Yo muero! |
| (Alto.) | ...contigo así le turbó,
corre a decirle que yo
casaros hoy mismo quiero. |
| Doña Isabel | (Llorando.)
¡Oh señora! ¡Oh de bondad
y soberana clemencia
Sol, que el mundo reverencia!
Tal es mi felicidad,
tan contrario me es el Cielo,
que lo que antes, ¡ay!, haría
la más alta dicha mía
aumenta hoy mi desconsuelo. |
| Reina (Suspensa.) | Pues qué, ¿tibio en su pasión...? |
| Doña Isabel | (Con vehemencia.)
No, señora; ¡ah!, no, señora.
Que como jamás me adora,
que su amante corazón
más que nunca arde por mí, |

	en llanto amargo deshecho, roto en pedazos el pecho, sin cesar me jura, sí.
Reina (Aparte.)	¡Oh dolor que me devora!
Doña Isabel	Pero añade que ya no puedo ser su esposa yo, y un mar de lágrimas llora.
Reina	¿Y no te explica el porqué?
Doña Isabel	Que un secreto horrible guarda, que le turba y le acobarda imagino...
Reina	Y yo lo sé.
Doña Isabel	Yo no, señora. ¡Ay de mí!
Reina	Es una delicadeza que demuestra la grandeza de su pasión hacia ti.
Doña Isabel	(Confusa.) Yo..., señora..., no colijo...
Reina	No temas, resuelta estoy. Sí, tu esposo será hoy, porque lo mando y lo exijo. Que esto es su felicidad y yo otorgárselo quiero a toda costa.
(Aparte.)	Yo muero.

(Alto y resuelta.)	Al momento os desposad.
Doña Isabel	(Besándole la mano.) ¡Oh cuán noble corazón, que concede el mismo día su ventura al alma mía y a mi buen padre perdón! Corro...
Reina (Deteniéndola.)	Espérame, Isabel, mientras tomo el manto real para ir a la catedral. Luego irás a hablar con él.

(Vase agitada. Queda Doña Isabel pensativa, y salen Berrio y Sancha.)

Berrio (Al entrar.)	Toma, colémonos, pues... si lo mandó...
Sancha	(Deteniéndose.) ¿Tan así...?
Berrio	La señorita está allí.
Sancha	Tienes razón, ella es.
Doña Isabel	(Reparando en ella.) ¡Hola!, mis buenos amigos; ¿qué buscáis?, ¿a qué venís?
Sancha	Ansiando ver a la reina, que es, dicen, un serafín; a la puerta del palacio éste y yo estábamos, y

	su merced el arzobispo...
Berrio	(Adelantándose.) Déjame, Sanchica, a mí, que mucho más aquel tengo para explicarme.
Doña Isabel	Decid.
Berrio	Estábamos boquiabiertos sin saber adónde ir, sufriendo la mala cara de uno y otro galopín, cuando pasó el arzobispo. Y dirigiéndose a mí: «¿Eres -preguntó- el Herodes?», y respondíle que sí. «Pues entra -continuó grave-, que la reina quiere oírde tu boca tus hazañas y hacerte mercedes mil.»
Sancha	Sí, señora; así lo dijo, lo mismito que lo oís.
Doña Isabel	¿Estás, Berrio, delirando?
Berrio	Ni borracho, pese a mí. ¿Mas no sabéis soy Herodes?
Sancha	Que lo es, señorita. Sí.
Doña Isabel	Héroe dirás.
Berrio	Pues bien, eso.

                    Si lo dicen más de mil.
                    Y ¡viva!, y que ¡viva Berrio
                    el Herodes!, ahora oí
                    a gente que en esas calles
                    va, que parece un motín.

Sancha   Sí; mi Berrio lo ha hecho todo;
                    no es el diablo más sutil.

Berrio   Sí, señora. Antesdeanoche,
                    cuando me dejaste allí,
                    metido en la ratonera,
                    atrapóme mi alguacil.
                    Y aunque el vejete petate
                    (que entrar ya en la trena vi)
                    me perdonó, el mal frailote
                    (que pronto tendrá mal fin)
                    se empeñó..., nada..., en ahorcarme,
                    que no es un grano de anís.
                    Pero con una moneda
                    de la preñada y gentil
                    bolsa que vos me endonasteis,
                    y que no aparto de mí,
                    conseguí de un camarada
                    puerta franca para huir.

Doña Isabel   ¿No te dije que hallarías
                    fácil modo de salir?

Berrio   ¡Ay señorita del alma!.
                    estuvo todo en un tris.
                    Pasé la noche en el foso
                    agazapadito, sin
                    respirar, como conejo

                    que oye al podenco latir.
Y hoy al romper la mañana,
como suele la perdiz
irse al reclamo, a las tropas
de nuestra reina acudí.
Y al general, que es un mozo...,
¡vaya un mancebo gentil!...,
de un camino soterraño
el secreto descubrí.
Y por debajo de tierra,
sin trompa ni tamboril,
sin Sol, sin luz y sin moscas,
delante de todos fui,
atropellando gigantes,
moros encantados, y
vestiglos, y en el castillo
nos encontramos al fin,
en donde todo viviente
se rindió, gracias a mí.
Ved, pues, si soy el Herodes
o esa cosa que decís.

Doña Isabel   ¿Ves, amigo, cómo el Cielo
la noble acción que por mí
hiciste te recompensa,
por uno dándote mil?
A los bienes de fortuna,
que yo me comprometí
a darte, siendo madrina
de tu boda, vas a unir
las mercedes y los dones
de nuestra reina gentil,
el aplauso de los buenos
y un nombre eterno y sin fin.

133

Berrio (Muy ufano.)	¡Si soy yo mucho...! Sanchica, qué tal, ¿eh?...
Sancha	(Muy gozosa.) Yo estoy sin mí.
Berrio	Te han de llamar la infanzona, y tu padre ha de venir para besarme la mano sin caperuza.
Doña Isabel	Advertid que ya sale nuestra reina; mirad bien lo que decís.
Sancha	(Embobada mirando al lado por donde va a salir la Reina.) ¡Ay qué hermosa!... Madre mía. Como una rosa de abril. A la Virgen se asemeja que está allá en el camarín.
Berrio	¡Ay, que me he quedado frío y yo no sé qué decir!
Doña Isabel	Poned la rodilla en tierra y la mano le pedid.
Berrio	¿Y se ha de quedar sin ella?
Doña Isabel	Es para besarla... ¿Oís?

(Sale la Reina con manto real y corona, y ricamente ataviada, seguida de Damas y Pajes, todos de gran gala. Berrio y Sancha caen de rodillas.)

Reina (Acercándose con dignidad a los Villanos.)
¡Hola! Esta buena gente,
¿quién es y qué desea?

Berrio (Turbado.) Semos..., semos...,
(A Sancha, al oído.)   Sanchica, tú responde,
que quien soy he olvidado de repente.

Sancha (Turbada.) Semos, semos..., que siga Berrio, ¡ea!,
que se me fue la lengua no sé dónde.

Reina (Afable.) Hablad, no tengáis miedo.

Berrio Pues yo... Sancha, habla tú, que yo no puedo.

Doña Isabel Este mozo es, señora,
el que salvó a don Pedro, y denodado...

Reina (Muy complacida.)
Venga, venga en buen hora
el que el triunfo me ha dado
con tal facilidad y sin desgracias.
Venga en buen hora a recibir mis gracias.
Alzad del suelo.

Berrio (Más alentado.)
   Si me dais la mano...
solo para besarla...

Reina (Dándoles a besar la mano.)
   ¡Qué inocencia!

(Levanta a ambos con afabilidad.)

>Tengo gran complacencia
>en verte; agradecida
>con el alma y la vida
>estoy a tu servicio. Te has portado
>como un héroe.

Berrio (Muy ufano.)   Sí.
(A Doña Isabel.)   Herodes ¿No lo escucha?

(A la Reina, en tono jactancioso.)

>¡Es mi arrogancia mucha!
>¡Y soy un gran soldado!...
>¡He matado más gente...!

Reina (Risueña.)   Porque no la mataste, justamente
>premiarte, amigo, intento,
>y te daré en mi casa acostamiento.

Berrio   Pues yo mejor quisiera diez cochinos,
>con algunas ovejas y pollinos.

Sancha
(Aparte, a Berrio.)   Y joyas, majadero,
>que gargantilla y pelendengues quiero.

Berrio   (Aparte, a Sancha.)
>No; mejor es ganado.

Reina   (Haciéndoles señas de retirarse.)
>Cual mereces serás recompensado.

Sancha	Viva la real persona.
Berrio (A Sancha.)	Van, Sanchica, a llamarte la infanzona.

(Vanse Berrio y Sancha.)

Reina	(Llevando aparte a Doña Isabel y hablándole con vehemencia.) Oye, Isabel.
Doña Isabel	Señora.
Reina	Al punto corre ahora de Pedro Azagra al lado. Anúnciale el permiso que os he dado. Consuélale, Isabel, y ni un momento de él te apartes.
Doña Isabel	(Sobresaltada.) Pues qué, ¿señora mía...?
Reina	Síguele a dondequier. Si tiene intento de ir a la Aljafería avísame al instante, pues es el impedirlo interesante.
Doña Isabel	¡Ah!... Yo tiemblo...
Reina	No temas, que no hay nada. Ni a él nada le dirás. De ti confío, tú eres el brazo mío. Sosiégate, Isabel..., yo te lo ruego. Yo te explicaré luego

	cuáles son las razones de hacerte estas secretas prevenciones.

(Se pone en marcha.)

Doña Isabel	(Confundida.) ¡Cielos! ¡Estoy mortal! Solo me toca temblar, obedecer, sellar mi boca.

(Vase.)

Escena II

Calabozo del castillo de la Aljafería. Salen don Lope de Azagra de peregrino, muy abatido y debilitad., y Mauricio, sosteniéndole y conduciéndole a un asiento de piedra que habrá a un lado

Don Lope	Llévame lentamente, que andar apenas puedo, por edad, no por miedo, y me siento morir. Si Dios Omnipotente a mi afán concediera que aquí, y pronto, muriera, sin al cadalso ir, ¡cuán dichoso sería!

(Se sienta.)

Mauricio	Ten ánimo. Si quieres patentizar quién eres, puedes mucho esperar. Tu alto nombre podría, tu nombre verdadero, acaso al pueblo entero

	en tu favor alzar.
Don Lope	Calla, calla, Mauricio. ¡Jamás! Que para el mundo un misterio profundo mi nombre debe ser. En este precipicio donde tú me has lanzado, y a do me ha encaminado, el mismo Lucifer, no ha de hundirse conmigo mi descendencia infame; ni nunca el mundo llame a un Azagra traidor. ¡Jamás, jamás!, amigo, de que es mi sangre rea, de que Azagra soy, sea el mundo sabedor. El nombre quede puro de mi adorado hijo; de tu amistad exijo el secreto más fiel.
Mauricio	Por él en este apuro en que estamos nos vemos. Por su causa tenemos en el cuello el cordel.
Don Lope	No. Porque Dios eterno vigila por los reyes y maldice en sus leyes al vasallo traidor.
Mauricio	(Con desdén.)

	Porque te dio el infierno hacia tu hijo demente ese ciego, imprudente y malhadado amor.
Don Lope	¿No oyes la voz del Cielo cómo grita venganza?
Mauricio	Mi delirio no alcanza hasta escuchar tal voz. Y de tu desconsuelo y de tu desvarío me avergüenzo y me río.
Don Lope	(Aterrado.) ¡Oh desengaño atroz! Aproximarse siento mi fin, y estremecido piedad al Cielo pido, solamente piedad. Y que mi último aliento, lleve la infamia mía, sin que se extienda impía en mi posteridad.
Mauricio	Tu descendencia olvida, que es perder el jüicio.
Don Lope	No eres padre, Mauricio: por eso hablas así.
(Se oyen cerrojos.)	
Mauricio	(Sorprendido.)

	¿La puerta estremecida no escuchas?...
Don Lope	(Con vehemencia.) Te conjuro que el secreto seguro...
Mauricio	(Separándose.) Calla, que entran aquí.

(Entra don Pedro López de Azagra, precipitado, y se arroja de rodillas en los brazos de don Lope.)

Don Pedro	¡Oh padre, oh padre!...
Don Lope	(Abrazándolo, enajenado.) ¡Hijo mío!... Al tenerte entre mis brazos cobran los rotos pedazos de mi corazón su brío. Torna a discurrir la vida por mis decrépitas venas, donde ya indicaba apenas no estar del todo extinguida. ¡Ay! ¿Es sueño? Es verdad, sí.
Don Pedro	La juvenil sangre helada me ahoga en el pecho estancada. ¡Desventurado de mí!
Mauricio (Aparte.)	¡Oh! Si un acero tuviera un brazo bastante fuerte, a entrambos dando la muerte aún salvarme consiguiera.

Don Lope   (Separando de repente a don Pedro y poniéndose
                  en pie con un penoso esfuerzo.)
                  Mas ¿qué es esto, mozo altivo?...
                  ¿Cómo te atreves a tanto?...
                  ¿No te causa el verme espanto,
                  aunque postrado y cautivo?

(Rechazando a don Pedro.)

                  Aparta, aparta, ¡infelice!
                  ¿Aquí me viniste a ahogar
                  en tus brazos, sin temblar?...

Mauricio   (Aparte, confuso.)
                  No comprendo lo que dice.

Don Pedro   ¡Ah padre!...

Don Lope   (Con penosa y afectada entereza.)
                      ¿Tu padre yo?
                  ¿Yo tu padre?... Tú deliras,
                  y lo que dices no miras.

Mauricio   (Aparte, reconociendo la intención de don Lope.)
                  ¡Ya!

Don Lope   Tu padre no soy, no.

Don Pedro   Si por tal os deseché
                  cuando armado, cuando fuerte
                  pudisteis darme la muerte,
                  y con horror os miré
                  porque el rebelde pendón

                        contra mi reina y señora
                        enarbolabais, ahora
                        es muy distinta ocasión.
                        Y vuestro hijo me confieso
                        cuando llega, ¡trance fuerte!,
                        la hora horrenda de la muerte,
                        y humilde vuestros pies beso.

(Arrojándose a los pies de don Lope.)

                        ¡Padre, padre!

Don Lope   (Levantándole.)
                                    No lo soy.
                        ¿Y quién fue el impostor, di,
                        que decirte pudo a ti...?

Don Pedro   Vos mismo, vos.

Don Lope (Aparte.)   ¡Muerto estoy!
                        Mentí, tentando engañar
                        y deshacer tu firmeza,
                        cuando allá en la fortaleza
                        no te quise castigar.

Don Pedro   Sí, el corazón me lo dijo
                        con hondas voces también,
                        y ahora lo repito: ¿quién
                        negará que soy tu hijo?

Don Lope   Yo. De escucharte me espanto.
                        ¿No ves que es acción de loco,
                        que el que allá me tuvo en poco,
                        ahora aquí me estime en tanto?

Don Pedro	Siempre mi padre en vos vi Y sabiendo vos quién soy, lo que va de ayer a hoy, conocéis sin duda, sí.
Mauricio (Aparte.)	¡Oh qué lucha tan extraña de afectos, reconvenciones, de verdades, de ficciones, en que ninguno se engaña! Pero yo que el dueño soy del secreto de los dos, por vengarme, ¡vive Dios!, a hacerlo patente voy- Como infame al mundo asombre de este mozo y de este viejo, uno altivo; otro, perplejo, el considerado nombre. Y de ellos y de Aragón se vengue la rabia mía, borrándose en este día su más ilustre blasón.
Don Lope	(Muy abatido y desfalleciendo por momentos.) ¡Ay mancebo!, basta ya. Si don Alonso no soy, en este sitio en que estoy, y en donde ahogándome va ya mi dolor, soy un ente incomprensible,
(Con esfuerzo.)	que no es ni ser pudo aragonés; que aquí no tiene pariente. O el soberbio emperador,

	o un oscuro aparecido, sin nombre, sin apellido y sin familia.
Don Pedro (Abatido.)	¡Oh rigor de mi embravecida suerte!
(Resuelto.)	Pues que sea o no vuestro hijo, vuestra bendición exijo en esta hora de la muerte.
Don Lope	(Convulso y horrorizado.) ¿Qué escucho?... ¡Mi bendición! ¿La bendición, ¡infelice!, de este ser a quien maldice el Eterno?... ¡Oh confusión!

(Cae moribundo en brazos de don Pedro.)

	¡Ay!, que me siento morir... No puede mi larga edad el peso de iniquidad que me abruma resistir.
Don Pedro	¡Padre!
Don Lope	Ese nombre me ahoga. Mi corazón se revienta. A mi Dios voy a dar cuenta... ¿Ante él por mí quién aboga? ¿Quién aboga?... Confesión. ¡Ay!, confesión necesito y un sacerdote bendito que me dé la absolución.

(Queda desmayado.)

Don Pedro ¡Cielos, qué horror!... ¡Ah!, ¿qué es esto?
           Helado está.

Mauricio   (Acercándose.)
           Un parasismo.

Don Pedro (Fuera de sí, mirando indignado a Mauricio.)
           Confúndate el hondo abismo.

(Volviendo a don Lope.)

           ¡Padre, padre! Auxilio, presto.

(Acomoda a don Lope en tierra, apoyándolo contra el asiento de piedra y prodigándole caricias y socorros.)

Mauricio   (Aparte, con rapidez.)
           Pues por sacerdote a mí
           me reputan, que lo soy
           me importa asegurar hoy,
           por ver si dilato así
           o evitar logro el castigo.
           ¿Qué tardo en darme por tal?...

(Acercándose a don Lope con afectada dignidad y en voz alta.)

           Ved en esta hora fatal,
           rey don Alonso, mi amigo,
           quién puede...

Don Lope   (Volviendo en sí y rechazándolo con horror.)
           Aparta, malvado.

(Cae moribundo.)   ¿Tú, tú...?
                     ¡Dios mío, piedad!
                     ¡Ay!, mis culpas perdonad...

(Tendiendo los brazos a don Pedro.)

                     Perdóname tú, hijo amado.

(Muere.)

Don Pedro   (De rodillas y besando fuera de sí una mano de don Lope.)
                     ¡Padre!... ¡Señor!... ¡Ay de mí!...
                     ¡Padre, padre!... Yo con vos...

(Reconociendo que está ya muerto.)

                     Ya está en presencia de Dios;
                     desventurado nací.

(Queda sumergido en el más profundo dolor.)

Mauricio (Aparte.)   Murió, sí... Murió el cobarde
                     de quien necio confié;
                     que el mundo en saber quién fue
                     ni un solo momento tarde.
                     Quede el hijo deshonrado,
                     y entre tanta confusión
                     busque mi resolución
                     algún remedio impensado.

(Se acerca resuelto a la puerta y dice a voces):

                     ¡Hola!... Guardias, acudid.

Ved que es muerto el impostor,
y también su hijo es traidor,
cómplice suyo. Venid.

Don Pedro	(Vuelve en sí, se levanta y se arroja sobre Mauricio
con una daga desnuda.)
¡Malvado!, aún tengo esta daga
que en tu pecho fementido,
de tanto crimen henchido,
mi cólera satisfaga.

(Hiere a Mauricio.)

Mauricio	(Cayendo muerto.)
¡Ay de mí! ¡Azagra! Aragón,
la sangre de Azagra infame
sangre de traidores llame,
pues estos Azagras son.

(Muere. Abrense las puertas del calabozo con estruendo, y salen de prisa la Reina, Doña Isabel Torrellas, Pajes y Guardias.)

Doña Isabel	(Deteniéndose horrorizada.)
¡Cielos!... ¿Qué miro?... ¡Infelice!

Reina	(Conteniendo con dignidad su agitación.)
¡Don Pedro Azagra aquí está,
entre cadáveres yertos,
con un sangriento puñal!
¿Qué es esto, don Pedro Azagra?
¡Oh don Pedro Azagra!... Hablad.

Don Pedro	(Con entereza.)
Esto es desplomarse el cielo

sobre mi frente leal,
esto es que abierta la tierra
bajo de mis pies está.

(Señalando el cadáver de don Lope.)

Ese decrépito anciano,
que ahora acaba de expirar,
ahogado por sus pesares,
pidiendo al Cielo piedad,
es mi padre.

(Movimiento general de terror.)

¡Oh cuán amargo
hace mi estrella fatal
en mis labios ese nombre
tan dulce de pronunciar!
Sí, es mi padre; pues su crimen,
que yo no puedo borrar,
no le quitó el ser mi padre
para mi afrenta y mi mal.

(Señalando el cadáver de Mauricio.)

Y éste, que de sus maldades
ya dando la cuenta está
ante el Dios de las venganzas
en su justo tribunal,
es el monstruo del infierno,
genio espantoso del mal,
que alucinando a ese anciano
con su apariencia falaz,
le encaminó por la senda

                    de traición y deslealtad,
                    por donde en busca de muerte
                    y escarmiento vino acá,
                    de la más ilustre sangre
                    el puro brillo a manchar.
                    Y yo con mi mano misma
                    y este vengador puñal,
                    su corazón desgarrado,
                    de un solo golpe no más,
                    a vos, a mí y a mi padre
                    venganza he dado. Mirad.

(Movimiento general de horror.)

                    Y pues de un traidor soy hijo,
                    y pues manchadas están
                    de sangre hirviente estas losas,
                    que derramé criminal,
                    usurpando a la Justicia
                    su acción y su voluntad,
                    cometiendo un homicidio
                    que no quiero disculpar,
(Hinca una rodilla.) que al punto el verdugo tronche
                    este mi cuello mandad;
                    cumpliréis con la justicia
                    de vuestro cetro real,
                    y tendrá fin un linaje
                    tan desventurado y tan
                    aborrecido del Cielo,
                    que hundido en el cieno está.

Reina   ¡Oh noble don Pedro Azagra!
                    ¿Qué pronunciasteis?... Alzad,
                    pues no debe ni un momento

          postrado en la tierra estar
          el que de su insigne patria
          es tan seguro puntal
          y de mis santos derechos
          el más fuerte capitán.

(Levantando a don Pedro.)

          Alzad, don Pedro de Azagra;
          joven valeroso, alzad,
          que galardones tan solo
          vuestra reina os ha de dar.
          Al matar a ese perverso,
          el brazo fuisteis no más
          de mi justicia, y declaro
          vuestra acción noble y leal.
          Y ese acero, que destila
          cálida sangre, será
          cimera de vuestras armas
          y un nuevo timbre de hoy más.

Don Pedro (Confuso.) ¡Señora..., señora mía!,
          cuál queda mi honra juzgad,
          y que de traidora sangre
          llenas mis venas están.

Reina   Es vuestra sangre tan pura
          como la lumbre inmortal
          del Sol, que apagar no puede
          pasajera tempestad.
          Tras de una serie de siglos,
          en que acrisolada está,
          derramándose a torrentes
          en pro de la cristiandad,

         ¿qué importa que vuestro padre,
         caduco y demente ya,
         cometiese un negro crimen,
         de que no fuera capaz
         sin la sugestión maligna
         de ese dragón infernal?
         ¿Y vos con vuestras proezas,
         vos, desenvainando audaz
         por mis derechos la espada,
         con la noble heroicidad
         que vio el mundo, no enmendasteis
         de vuestra sangre el desmán?
         ¿No es este suceso mismo
         en que con firmeza tal
         las tentaciones más grandes
         que tiene la Humanidad,
         los más tiranos afectos
         qué encadenan al mortal
         habéis vencido, don Pedro,
         crisol de vuestra lealtad?
         Volved en vos y miradlo,
         que si es justo vuestro afán,
         no es justo por un delirio
         a todo extremo llegar.
(Aparte, con rapidez.) El último esfuerzo hagamos
         porque la tranquilidad
         vuelva a su pecho. La hora
         de mi sacrificio es ya.
(Alto.)   Ved, pues, si estoy decidida
         a que sin posteridad
         de Azagra la noble estirpe
         no quede, porque jamás
         de tan valientes guerreros,
         de magnates tan sin par

	carezca este reino mío,
	la España y la cristiandad,
	que os mando, como señora,
	que al punto y sin replicar
	a doña Isabel Torrellas
(Aparte.)	¡ay, que es mi pecho un volcán!,
(Alto.)	le deis la mano de esposo;
	cumplid con mi voluntad.

(Queda don Pedro muy agitado y como faltándole palabras.)

Doña Isabel   (Arrojándose a los pies de la reina.)
              ¡Señora, señora mía!
              ¡Oh qué angélica bondad!

Reina   (Levantándola y abrazándola.)
              ¡Isabel! ¡Ay!, tú no sabes
              lo que en mí pasando está.
              Haz feliz a Pedro Azagra,
              que esto es lo que importa más.

Don Pedro   Esclarecida señora,
              reina de Aragón... ¡Oh cuán
              poderoso es vuestro labio!
              ¡Qué excelsa vuestra bondad!...

(Acercándose a Doña Isabel.)

              ¡Isabel, vuestro amor solo
              de darme vida es capaz!...

(Separándose de repente de Doña Isabel y con tono resuelto.)

              Pero momento no es éste,

                        ni éste tampoco el lugar...

(A la Reina, con energía.)

                        Dentro de un año, señora,
                        obedecida serás.
                        Ahora parto a la frontera
                        nuevos timbres a ganar
                        y a borrar con sangre mora
                        de mi sangre la fealdad.
                        Y cuando triunfante vuelva
                        y de una insigne ciudad,
                        por mí arrancada a los moros,
                        ponga a vuestra planta real
                        las llaves, la mano mía
                        con vuestro amparo será
                        de doña Isabel Torrellas,
                        de esa estrella celestial
                        que es de un alma sin ventura
                        dueño, vida, luz y paz.

Reina (Aparte.)   ¿Esto escucho?... ¡Ah, desfallezco!
                        La pena ahogándome va.
(Alto.)   Bien; a adquirir nuevos lauros,
                        ilustre Azagra, volad.
                        La victoria y la fortuna
                        os vayan siempre detrás.

Don Pedro   Marcho, pues... Dadrne, señora,
                        la regia mano a besar.

(Hinca una rodilla y besa la mano de la Reina.)

                        ¡Isabel...!

(Vase.)

Reina (Con ansiedad.)
	 Volved triunfante;
	 por vuestra vida mirad.
(Aparte.)	 ¡Ay de mí, desventurada!
	 No puedo resistir más.

(Se apoya, desmayada, en Doña Isabel.)

Sevilla, 1842.

Fin

Libros a la carta

A la carta es un servicio especializado para
empresas,
librerías,
bibliotecas,
editoriales
y centros de enseñanza;
y permite confeccionar libros que, por su formato y concepción, sirven a los propósitos más específicos de estas instituciones.

Las empresas nos encargan ediciones personalizadas para marketing editorial o para regalos institucionales. Y los interesados solicitan, a título personal, ediciones antiguas, o no disponibles en el mercado; y las acompañan con notas y comentarios críticos.

Las ediciones tienen como apoyo un libro de estilo con todo tipo de referencias sobre los criterios de tratamiento tipográfico aplicados a nuestros libros que puede ser consultado en Linkgua-ediciones.com.

Linkgua edita por encargo diferentes versiones de una misma obra con distintos tratamientos ortotipográficos (actualizaciones de carácter divulgativo de un clásico, o versiones estrictamente fieles a la edición original de referencia). Este servicio de ediciones a la carta le permitirá, si usted se dedica a la enseñanza, tener una forma de hacer pública su interpretación de un texto y, sobre una versión digitalizada «base», usted podrá introducir interpretaciones del texto fuente. Es un tópico que los profesores denuncien en clase los desmanes de una edición, o vayan comentando errores de interpretación de un texto y esta es una solución útil a esa necesidad del mundo académico.

Asimismo publicamos de manera sistemática, en un mismo catálogo, tesis doctorales y actas de congresos académicos, que son distribuidas a través de nuestra Web.

El servicio de «libros a la carta» funciona de dos formas.

1. Tenemos un fondo de libros digitalizados que usted puede personalizar en tiradas de al menos cinco ejemplares. Estas personalizaciones pueden ser de todo tipo: añadir notas de clase para uso de un grupo de estudiantes, introducir logos corporativos para uso con fines de marketing empresarial, etc. etc.

2. Buscamos libros descatalogados de otras editoriales y los reeditamos en tiradas cortas a petición de un cliente.

www.ingramcontent.com/pod-product-compliance
Lightning Source LLC
LaVergne TN
LVHW041253080426
835510LV00009B/722